Anmerkungen für Lehrerinnen und Lehrer

Bitte lesen Sie die folgenden Hinweise, bevor Sie in ihrer Klasse mit diesem Heft zu arbeiten beginnen:

1. Die Texte und Übungsaufgaben in **„Übung macht den Meister – 6“** bauen auf dem in den vorhergehenden Jahrgängen rechtschriftlich gesicherten Lern- und Grundwortschatz auf.
2. Es werden die in den vorangehenden Jahrgängen erworbenen Rechtschreibkenntnisse aufgegriffen und vertieft.
3. **„Übung macht den Meister – 6“** ist besonders für Schüler des 6. Schuljahres gedacht. Das Heft kann aber auch noch in den folgenden Schuljahren verwendet werden.
4. Dieses Arbeitsheft ist entsprechend den Richtlinien aller Bundesländer für Sprache und Rechtschreibung aufgebaut.
5. Die Übungen, Regeln und Verständnishilfen enthalten alle wesentlichen Rechtschreibthemen des 6. Schuljahres. Das Arbeitsheft wird deshalb auch – unabhängig vom Sprachbuch – als eigenständiger Rechtschreibkurs verwendet, weil alle Unterrichtseinheiten erarbeitet werden.
6. Wegen der Fülle des Übungsstoffes in diesem Arbeitsheft ist es auch als zusätzliches Lernmittel für die Differenzierung im Unterricht einsetzbar.
7. Rechtschreibschwachen Schülern kann im Förderkurs Gelegenheit gegeben werden, den in den vorhergehenden nicht erlernten oder nicht genug geübten Unterrichtsstoff in der Rechtschreibung aufzuarbeiten.
8. Besonders geeignet ist der Rechtschreibaufbau und -übungsstoff für die häusliche Arbeit,
   a) weil jeder Schüler nach genau vorgegebenen Arbeitsanweisungen selbstständig alle Übungen erledigen kann und
   b) weil er nach Erledigung schwieriger Übungen seine Arbeit im Lösungsteil selber kontrollieren kann.
9. Die umfangreiche Wortsammlung ist einerseits eine Wiederholung des Lernwortschatzes der vorhergehenden Jahrgänge, andererseits enthält sie die im 6. Schuljahr neu zu erlernenden und zu übenden Wörter. Die alphabetische Zusammenfassung ist auch als selbstständiger Übungsteil verwendbar:
   a) Jeden Tag werden fünf Wörter gelernt und als Kleindiktat geübt; die oft falsch geschriebenen Wörter werden zusammengefasst und turnusmäßig geübt.
   b) Die alphabetische Einordnung lässt sich gut an wenigen Wörtern üben und führt zur Sicherheit im Gebrauch des Wörterbuches.

Stichwörter

Ganz oben auf der Seite des Wörterbuches ist ein Wort allein gedruckt.
Dieses „Kopfwort“ hilft dir beim Suchen deines Stichwortes. Es zeigt dir, welches Stichwort als erstes auf der linken Buchseite bzw. als letztes auf der rechten Buchseite behandelt wird. Stichwörter sind alle fett gedruckten Wörter. Stichwörter, die sprachlich verwandt sind, werden in der Regel in Wortgruppen zusammengefasst.

Gut

gut schrei|ben; die frische Luft wird mir **guttun**
Gut, das: des -es, die Güter; das Hab und Gut; der **Gü|ter|bahn|hof;** der **Guts|hof**
Gym|na|si|um *griech.,* das: des -s, die Gymnasien; der **Gym|na|si|ast**
Gym|nas|tik *griech.,* die: der - (Körperübung); die **Heil|gym|nas|tik; gym|nas|tisch**
Gy|nä|ko|lo|gie, die: (Frauenheilkunde)
Gy|ros, das: (griechisches Fleischgericht)

Gut G H

H

ha: Abk. Hektar (10000 m^2; 100 m^2 x 100 = 10000 m^2)
Haar, das: des -(e)s, die Haare; die Haare kämmen; um Haaresbreite (nur so eben); sich in den Haaren liegen (streiten); kein gutes Haar an ihm lassen; Haare auf den Zähnen haben (zu allem Widerworte finden); ein Haar in der Suppe finden (kleinlich sein); sich keine grauen Haare wachsen lassen (sich nicht so leicht ärgern); die Haare stehen dir zu Berge; die **Haar|far|be;** der **Haar|schnitt;** die **Haar|spal|te|rei** (Streit um Worte); das **Här|chen; haa|rig; haar|scharf; haa|ren**
ha|ben: du hast, du hättest, er hatte, sie hat gehabt; Geld haben (besitzen); Durst haben (verspüren, bekommen); das Hab und Gut; noch zu haben sein (ungebunden sein); etwas gegen ihn haben; für etwas nicht zu haben sein; was hast du denn? (fehlt dir was?); die **Ha|be;** der **Ha|be|nichts;** die **Hab|gier;** die **Hab|se|lig|kei|ten;** die **Hand|ha|be;** das **Vor|ha|ben; hab|gie|rig; hab|süch|tig**
Ha|bicht, der: des -s, die Habichte (Greifvogel)
Hach|se/Ha|xe, die: der -, die Hachsen; die Kalbshachse
Ha|cke, die: der -, die Hacken (Werkzeug); der **Hack|bra|ten;** der/das **Häck|sel** (Schnittstroh); **ha|cken**
Ha|cke, die: der -, die Hacken (Ferse), *auch* der **Ha|cken;** der **Ha|cke|pe|ter**
Ha|cker, der: des -s, die Hacker (jemand, der sich Zugang in fremde Programme verschafft)
Ha|der, der: des -s (Zwietracht); mit sich und der Welt **ha|dern** (unzufrieden sein)
Ha|fen, der: des -s, die Häfen; die **Ha|fen|rund|fahrt;** die **Ha|fen|stadt;** einen Hafen anlaufen
Ha|fer, der: des -s (Getreideart); die **Ha|fer|flo|cken;** ihn sticht der Hafer (er ist übermütig)
Haff, das: des -s, die Haffe/Haffs (durch Nehrungen vom offenen Meer abgetrennte Küstenbucht); das Frische Haff; das Kurische Haff
Haft, die: der -; sich in Haft befinden; seine Haft verbüßen; der **Haft|be|fehl;** der **Häft|ling; ver|haf|ten**
haf|ten: die Fliesen haften gut (kleben); Eltern haften für ihre Kinder (sind verantwortlich); die **Haft|pflicht;** die **Haf|tung; haft|bar;** ihn für einen Schaden haftbar (verantwortlich) machen; **haf|ten blei|ben/haf|ten|blei|ben**
Ha|ge|but|te, die: der -, die Hagebutten (Frucht der Heckenrose); der **Ha|ge|but|ten|tee**
Ha|gel, der: des -s (Niederschlag von Eiskörnern); das **Ha|gel|korn; ha|geln**
ha|ger: (dünn, knochig); eine hagere Gestalt
Hä|her, der: des -s, die Häher (Rabenvogel)
Hahn, der: des -(e)s, die Hähne (männliches Huhn); das **Hähn|chen;** der **Hah|nen|schrei;** der **Was|ser|hahn**
Hai, der: des -(e)s, die Haie (Raubfisch); der **Hai|fisch**
Hain, der: des -(e)s, die Haine (kleiner, lichter Wald); die **Hain|bu|che** (Laubbaum)
hä|keln: (Handarbeit); die **Hä|kel|na|del**

112

*Schau nach, schreib richtig!, S. 112**

1. Schreibe auf, welche Stichwörter zu haarscharf, Häcksel, Habichte, du hast, Hackbraten, hacken, habgierig gehören.

Die Stichwortgruppen sind nach bestimmten Regeln zusammengefasst. Findest du die Regeln?

Merke

1. Regel zum Nachschlagen im Wörterbuch
Pluralformen (Mehrzahlformen) von Substantiven stehen meistens nachgeordnet im Wörterbuch. Suche deshalb die Singularform (Einzahlform)! Sie gibt dir die Schreibhilfe.
Beispiel siehe oben: Habichte

2. Suche die zu den Bildern passenden Wörter im Wörterbuch. Schreibe sie in der Singular- und Pluralform (Einzahl- und Mehrzahlform) auf.
Gib die Seitenzahl im Wörterbuch an.

	____________ ____________		____________ ____________	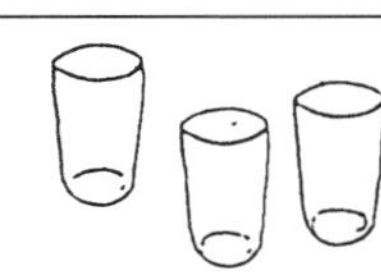	____________ ____________
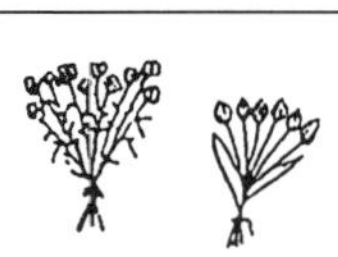	____________ ____________		____________ ____________		____________ ____________

Merke

2. Regel zum Nachschlagen im Wörterbuch
Verbformen findest du bei dem Infinitiv (Grundform) des Verbs. Suche deshalb den Infinitiv (Grundform) des Verbs als Stichwort im Wörterbuch.
Beispiel auf der Seite oben: du hast

3. Prüfe im Wörterbuch, unter welchen Stichwörtern du die folgenden Verbformen findest: ist, fiel, fing, warf, gelang, trieb, schob, bat, riet, erwiderte, antwortete, hat, ist. Schreibe so auf:

Verbform	Infinitiv (Grundform – Stichwort im Wörterbuch)	Seitenzahl
ist	sein	Schau nach, schreib richtig! 244

*Edmund Wetter, Mildenberger Verlag, Schau nach, schreib richtig! 1400-81

Stichwörter

Merke

> **3. Regel zum Nachschlagen im Wörterbuch**
> Manchmal findest du das gesuchte Wort nur bei einem gebräuchlichen Wort der Wortfamilie. Beispiel auf der Seite 2: „Haarfarbe" findest du unter „Haar, das"

Bei welcher Wortfamilie findest du folgende Wörter:
bedrohlich, Müßiggang, Gesundheit, Hunderter, entfernt, jähzornig.

1. Schreibe auf.

Merke

> **4. Regel zum Nachschlagen im Wörterbuch**
> Viele zusammengesetzte Wörter stehen nicht als Stichwörter im Wörterbuch. Du kannst sie aber bei den Teilwörtern suchen. Beispiel: „Kratersee" findest du bei der Wortfamilie „Krater" und „See" als einzelne Stichwörter.

Unfallort Haushalt

Die meisten Unfälle passieren nicht auf der Straße, sondern im <u>Haushalt</u>.
Die Küche ist der größte <u>Unfallort</u>. Vor allem werden Kinder betroffen.
Wir wollen einige <u>Gefahrenquellen</u> nennen.

2. Bei welchen Stichwörtern findest du die im Text unterstrichenen Wörter? Schreibe die Wortfamilien und die Seitenzahl aus dem Wörterbuch auf. Auf welchen Seiten findest du die Teilwörter? Schreibe die Seitenzahl auf.
3. Unter welchen Wortfamilien findest du folgende Wörter: Chefarzt, deutschfreundlich, Flohmarkt, Jahrhundert, Kaufmann, Lichtblick

Die Ente auf der Löweninsel

Alle Enten im Zoo bauten ihre <u>Nester</u> unter den <u>Trauerweiden</u> am Fluss, alle – bis auf eine. Sie hatte den sichersten <u>Nistplatz</u> im ganzen Zoo entdeckt. Er lag am Wassergraben, der die <u>Löweninsel</u> umzog. Klares, schönes Wasser rieselte <u>unaufhörlich</u> in den Graben und an einem <u>Felsvorsprung</u> stand ein dichter, <u>großblättriger Dornenbusch</u>. Darunter baute die Ente ihr Nest. Der erste Löwe, der sich geduckt an die brütende Ente <u>heranschlich</u> und mit einem gewaltigen Satz mitten in den Busch <u>hineinsprang</u>, kam sofort wieder heraus, denn die Dornen saßen ihm in der Nase und in den Tatzen. Er <u>unternahm</u> keinen zweiten <u>Angriffsversuch</u> und die <u>Entenmutter</u> hatte ihre Ruhe.

*nach W. Bridges**

4. Unter welchen Wortfamilien findest du die im Text unterstrichenen Wörter? Schreibe die Wortfamilien und die Seitenzahlen auf.

____

____

____

Merke Wer ein Wort nicht sicher schreiben kann, der suche es im Wörterbuch!

---

* nacherzählt von E. Wetter aus: W. Bridges, Zoogeschichten, Delphin-Verlag, München, 1973.

Endungen -ig und -lich

Merke

Es gibt zwei Endungen zur Wortbildung von Adjektiven, die in der Schreibung leicht verwechselt werden: (-ig) und (-lich).
Du findest die richtige Schreibweise auf zweierlei Weise:
a) Prüfe, ob die Endungen wirklich nur (ig) oder nicht doch (lich) heißen!
Beispiel: freudig, freundlich
b) Verlängere das Adjektiv, dann hörst du (g) oder (ch)!
Beispiel: freudige, freundliche

-ig | -lich

Adjektiv	Schreibhilfe	Adjektiv	Schreibhilfe
mutig	mutige	täglich	tägliche

Mut, Tag, Not, Natur, Mund, Holz, Rost, Sport, Berg, Tod, Schmerz, Glück, Wald, Schmutz, Feind, Eis, Neugier, Angst, Schrift, Schatten

1. Bilde aus diesen Substantiven Adjektive, indem du die Endungen (ig) oder (lich) anhängst. Ordne sie oben in die Tabelle ein.
Schreibe neben das Adjektiv die verlängerte Form, die dir die Schreibung erleichtert.

Adjektive entstehen und verändern sich

die Wolke	wolkig
der wolkige Himmel	
der Berg	
die	Landschaft
die Feier	
der	Abschied
der Tod	
der	Unfall

die List	
der	Fuchs
der Sport	
die	Kleidung
der Rost	
das	Eisen
der Tag	
die	Arbeit

2. Bilde aus den Substantiven Adjektive, indem du die Endungen (ig) oder (lich) anhängst. Schreibe wie im Beispiel.

Ein Besuch im Zoo

Mutter sagte neuli_____: „Wenn ihr heute fleißi_____ helft und pünktli_____ zum Essen kommt, können wir zum Zoo fahren.“ Wir strengten uns gewalti_____ an und so fuhren wir tatsächli_____ zum Zoo. Das wurde ein fröhli_____er Tag. Mein vierjähri_____er Bruder stand ängstli_____ und doch neugieri_____ vor dem Löwenkäfig. Der Löwe lief unruhi_____ hin und her und riss sein gieri_____es Maul auf. Bei den Affen ging es wirkli_____ sehr lusti_____ zu. Sie jagten sich unaufhörli_____ in den Bäumen. Doch am längsten standen wir am Becken der Seelöwen. Wir beobachteten, wie bewegli_____ diese schwerfälli_____en Tiere im Wasser sind.

1. Setze (g) und (ch) richtig ein und schreibe den Text in dein Heft.
   Übe ihn als Partnerdiktat.

2. Ordne die Adjektive mit den Endungen (ig) und (lich) aus dem Text in die Tabelle ein. Schreibe neben das Adjektiv die verlängerte Form, die dir bei der Rechtschreibung hilft.

-ig		-lich	
Adjektiv	**Schreibhilfe**	**Adjektiv**	**Schreibhilfe**
lebendig	lebendige	gründlich	gründliche

Jörg kennt den Weg

Jörg schlenderte neu_____ gerade gemüt_____ durch die Stadt, als ihn ein Fremder höf_____ ansprach, der offensicht_____ nicht ortskund_____ war. Er fragte ihn nach dem Weg zum Postamt. Bereitwill_____ gab Jörg Auskunft. Der Fremde bedankte sich bei dem freund_____en Jungen. Er fügte seinen Dankesworten noch fröh_____ hinzu: „Ich bin der neue Pfarrer hier im Ort. Wenn du demnächst zum sonntäg_____en Kindergottesdienst kommst, werde ich dir den Weg in den Himmel zeigen.“ Da antwortete Jörg: „Sie kennen doch nicht einmal den Weg zum Postamt richt_____. Wie wollen Sie da den Weg in den Himmel kennen?“

3. Trage (ig) und (lich) richtig ein und schreibe den Text in dein Heft.
   Übe ihn als Partnerdiktat.

Merke

Hat der Wortstamm ein **l**, so schreibe immer die Endung -ig!
Beispiel: Mehl + ig = mehlig

Substantiv	**+ Endung = Adjektiv**		
Mehl	+ ig = mehlig	Eile	+ ig = ______
Nebel	+ ig = ______	Stachel	+ ig = ______
Wolle	+ ig = ______	Öl	+ ig = ______
Welle	+ ig = ______	Winkel	+ ig = ______
Fall	+ ig = ______	Heil	+ ig = ______
Wille	+ ig = ______	Langeweile	+ ig = ______
Zufall	+ ig = ______	Hügel	+ ig = ______
Ekel	+ ig = ______	Kitzel	+ ig = ______

1. Schreibe zu den Substantiven oben die verwandten Adjektive mit der Endung **ig**.

◯ armseli____ ______	◯ langweili____ ______
◯ heimli____ ______	◯ ähnli____ ______
◯ beachtli____ ______	◯ tägli____ ______
◯ freiwilli____ ______	◯ öli____ ______
◯ rechtwinkli____ ______	◯ kitzeli____ ______
◯ umständli____ ______	◯ männli____ ______
◯ zufälli____ ______	◯ reichli____ ______
◯ ekli____ ______	◯ stacheli____ ______
◯ heili____ ______	◯ seli____ ______
◯ natürli____ ______	◯ neuli____ ______
◯ hoffentli____ ______	◯ ängstli____ ______
◯ wirkli____ ______	◯ mehli____ ______
◯ plötzli____ ______	◯ unwilli____ ______
◯ einmali____ ______	◯ gefährli____ ______

2. Entscheide bei den Wörtern oben, ob (g) oder (ch) fehlt.
Setze die fehlenden Buchstaben ein. Schreibe die vollständigen Wörter noch einmal daneben.

3. Kreuze die Wörter an, bei denen das (l) zum Wortstamm gehört.
In jeder Wortreihe sind sieben Wörter anzukreuzen.

Ferien auf dem Bauernhof

Der gastliche Gutshof liegt inmitten einer hügeligen Landschaft. Dort wechseln waldige Höhenrücken mit grünen Wiesen. Die liebliche Umgebung bietet Ruhe und Erholung.
Für reichhaltige Abwechslung wird gesorgt. Ein täglicher Reitbetrieb wird unterhalten und tüchtige Reitlehrer helfen den sportlichen Kindern, den Umgang mit den Pferden zu erlernen. Kutschwagen stehen für herrliche Ausflüge zur Verfügung. Für wanderfreudige Urlauber sind abwechslungsreiche Wanderwege angelegt und bezeichnet. Ein natürlicher Bergsee lädt badelustige Feriengäste ein. Die Gäste können aber auch am täglichen Leben der Bauernfamilie teilnehmen. Das preisgünstige Angebot beinhaltet wohnliche Zimmer, einen gemütlichen Aufenthaltsraum und ein freundliches Speisezimmer, dazu reichliche Verpflegung. Die herzliche Gastfreundschaft aber ist unbezahlbar.

aus einem Reiseprospekt

1. Kreise die Adjektive mit den Endungen (-ig) und (-lich) blau ein.
Schreibe den Text in dein Heft.

Merke

> Das Adjektiv kann vor dem Substantiv stehen. Meistens ändert sich dann die Endung und (ig) oder (lich) wird deutlich hörbar.

2. Schreibe das Adjektiv mit der Endung (ig) oder (lich) und das nachfolgende Substantiv auf. Vergiss den Artikel nicht.

Adjektiv und Substantiv	Adjektiv und Substantiv
der gastliche Gutshof	

3. Schreibe nun die Adjektive in der Grundform ohne das nachfolgende Substantiv.

gastlich			

Manche können das nicht gut

Hans kann nicht gut rechnen.
Erna kann nicht gut werfen.
Felix kann nicht gut schreiben.
Uli kann nicht gut basteln.
Anita kann nicht gut stricken.

Petra kann nicht gut turnen.
Klaus kann nicht gut lesen.
Ute kann nicht gut zeichnen.
Anke kann nicht gut kochen.
Peter kann nicht gut singen.

1. Schreibe die Sätze in dein Heft und unterstreiche die Verben, die in der Grundform stehen.

2. Schreibe nun so:
   a) Das fällt manchem schwer
   Hans fällt das Rechnen schwer. Petra fällt das …
   b) Manche haben damit Schwierigkeiten.
   Hans hat **mit dem** Rechnen Schwierigkeiten.
   Petra hat mit dem …

Merke Verben werden kleingeschrieben.

Merke Verben, die zu Substantiven geworden sind, werden großgeschrieben. Ein bestimmter oder unbestimmter Artikel steht dann vor ihnen oder kann ergänzt werden.

Auf dem Bahnhof

Die Leute kommen und gehen.
Sie eilen und hasten.
Sie drängeln und fragen.
Sie rufen und winken.

Sie stoßen und schieben.
Sie weinen und lachen.
Sie singen und schreien.
Sie warten und beobachten.

3. Schreibe die Sätze in dein Heft und unterstreiche die Verben.
   Schreibe nun so: **Was wir auf dem Bahnhof beobachten können**
   Das war **ein** Kommen und Gehen. Das war ein …

Ertappt

Klaus wollte naschen.
Inge wollte petzen.
Anke wollte stören.
Hans wollte sich prügeln.

Kurt wollte lügen.
Ein Mann wollte stehlen.
Ute wollte faulenzen.
Uli wollte drängeln.

4. Schreibe die Sätze in dein Heft und unterstreiche die Verben, die in der Grundform stehen.
   Schreibe nun so: **Ertappt**
   Klaus wurde **beim** Naschen ertappt. Kurt wurde beim …

Was andere gern in den Ferien tun

wandern, segeln, turnen, rudern, reiten, lesen, schwimmen, faulenzen
(Anke, Ute, Felix, Hans, Erna, Helga, Peter, Max)

5. Schreibe nun so: Anke möchte gern wandern. Sie hat **Freude** am Wandern.
   Felix möchte gern … Er hat Freude am …

Sie haben genug davon

Klaus will nicht mehr boxen.
Anke will nicht mehr spielen.
Hans will nicht mehr schmatzen.
Felix will nicht mehr naschen.

Jörg will nicht mehr klettern.
Ute will nicht mehr schwimmen.
Uli will nicht mehr lügen.
Werner will nicht mehr spucken.

1. Schreibe die Sätze in dein Heft und unterstreiche die Verben, die in der Grundform stehen.
Schreibe nun so: Klaus hat genug **vom** Boxen. Jörg hat genug vom …

Merke

Einige Artikel erkennst du nicht sofort. Sie verbinden sich manchmal mit einem Verhältniswort (Präposition).

beim	– bei dem	zum	– zu dem	ins	– in das
vom	– von dem	im	– in dem	ums	– um das
am	– an dem	ans	– an das	aufs	– auf das

Wir verreisen

In den letzten Ferien (w)ollten wir mit der Deutschen Bahn (v)erreisen. Schon beim (a)nziehen war ich sehr aufgeregt. Endlich (g)ing die Reise los. Wir (h)asteten zum Bahnhof und Vater (l)öste am Schalter die Fahrkarten. Mutter (e)rmahnte mich, dass das (s)pielen und (t)oben auf dem Bahnsteig sehr gefährlich ist und deshalb nicht (g)estattet sei. Auch das (ü)berschreiten der Gleise sei (v)erboten. Endlich (h)örten wir ein (p)eifen und (q)uietschen. Beim (e)inlaufen des Zuges (t)raten wir von der Bahnsteigkante zurück. Dann (s)tiegen wir in den Zug ein. Ich (ö)ffnete das Fenster, aber (h)inauslehnen (d)urfte man sich auch nicht. Die vielen Verbote (ä)rgerten mich. Trotzdem (g)enoss ich die Reise sehr. Nach einer Stunde Fahrzeit (s)tiegen wir wieder aus. Auch an der Tür war eine Ermahnung zu (l)esen: Öffne nicht die Tür vor dem (h)alten des Zuges! Mein Vater meinte gut gelaunt: „So viele Verbote (b)rauchst du nicht einmal in der Schule zu (b)eachten, nicht wahr?“

2. Schreibe den Text ab und entscheide bei den gekennzeichneten Verben, ob sie groß- oder kleingeschrieben werden müssen.

Sprichwörter

Wer sich heute (f)reuen kann, soll nicht bis morgen (w)arten.
Wer hinter mehreren Hasen (h)erläuft, (f)ängt keinen.
(s)chenken und (g)eben macht viele Freunde.
(e)ssen und (t)rinken hält Leib und Seele zusammen.
Der Ochs hält mehr vom (k)auen als vom (d)enken.
Besser zweimal (f)ragen, als einmal (i)rregehen.
Den Esel (f)ragen sie nicht, wenn sie ihn (b)epacken.
Wer viel (f)ragt, (b)ekommt viele Antworten.

3. Schreibe die Sprichwörter ab und entscheide bei den Verben, ob sie groß- oder kleingeschrieben werden.

Füttert keine Tauben!

In Köln ist das Füttern von Tauben verboten und soll künftig mit einem Bußgeld bestraft werden. Die Stadtverwaltung hat angekündigt, sie werde jetzt kein Auge mehr zudrücken und die beim verbotenen Füttern ertappten Sünder tatsächlich bestrafen. „Die Tauben sind in Köln zu einer echten Plage geworden“, begründet die Stadtverwaltung das Verbot.

1. Unterstreiche die beiden Verben, die zu Substantiven geworden sind.

Merke

Verben, die zu Substantiven geworden sind, werden großgeschrieben.
Es steht dann ein bestimmter oder unbestimmter Artikel vor ihnen oder es kann ein solcher ergänzt werden.

Merke

Anstelle eines Artikels kann auch eine Beifügung (ein Attribut) vor dem Verb stehen, das zum Substanitv geworden ist.
Beispiele: Lautes Knurren ängstigte die Kinder. Das Knurren ängstigte die Kinder. Plötzliches Blinken erschreckte die Autofahrer. Das Blinken erschreckte die Autofahrer.

2. Unterstreiche die Beifügung (Attribut). Schreibe wie die Beispiele oben zeigen.

Heftiges Beben erschütterte die Erde. ____________________

Großes Gähnen machte sich breit. ____________________

Grässliches Lachen ertönte auf der Geisterbahn. ____________________

Wimmerndes Heulen kam aus dem Stall. ____________________

Buntes Treiben herrschte auf den Straßen. ____________________

Zartes Flüstern drang an unser Ohr. ____________________

Wo ist das?		
	Es raschelt leise	in der Maschinenfabrik.
	Es lärmt ohrenbetäubend	im Kamin.
	Es brüllt beängstigend	aus dem Wasserhahn.
	Es rauscht stark	aus dem Kinderzimmer.
	Es knallt schrecklich	im Bienenkorb.
	Es tropft ständig	beim Feuerwerk.
	Es summt unaufhörlich	vom Springbrunnen.
	Es kreischt durchdringend	im Stroh.
	Es plätschert stetig	am Wasserfall.
	Es knistert unaufhörlich	im Löwenkäfig.

3. Verbinde die Satzteile der beiden Gruppen richtig miteinander.
Beispiel: Es raschelt leise im Stroh.

4. Schreibe dann die Sätze so: Im Stroh war leises Rascheln zu vernehmen.
In der Maschinenfabrik war …

Das Überqueren der Straßen

Eine besondere Gefahr für Fußgänger im Straßenverkehr (s)tellt das (ü)berqueren der Straßen dar. Vor allem beim (f)ehlen von Fußgängerüberwegen ist daher besondere Vorsicht (a)ngebracht. Das vermeintlich langsame (h)erannahen von Fahrzeugen (f)ührt häufig zu einer Unterschätzung der Geschwindigkeit. Aber auch das (b)enutzen von Fußgängerüberwegen (e)rfordert das ständige (b)eachten bestimmter Regeln. So sollte der Überweg nicht mehr (b)etreten werden, wenn Fahrzeuge schon so nahe (h)erangekommen sind, dass ihnen ein rechtzeitiges (a)nhalten nicht mehr möglich ist. Wenn man den Überweg (b)etreten hat, sollte man die Straße zügig (ü)berqueren. Man sollte nicht durch unnötiges (t)rödeln den Verkehr (a)ufhalten.

1. Unterstreiche die Verben, die in diesem Text zu Substantiven geworden sind.
2. Schreibe den Text in dein Heft. Achte beim Abschreiben auf die Großschreibung der von dir unterstrichenen Verben.
3. Schreibe die Verben heraus, die zu Substantiven geworden sind und vor denen eine Beifügung (Attribut) steht.

Merke

Verben werden zu Substantiven, wenn ein bestimmter oder unbestimmter Artikel vor ihnen steht oder ergänzt werden kann. Anstelle eines Artikels kann auch ein Fürwort (Pronomen) vor dem Verb stehen, das zum Substantiv geworden ist.
Beispiel: Dein Schnarchen stört mich. Das Schnarchen stört mich.

4. Ersetze das Pronomen durch den Artikel. Beachte das Beispiel oben.

Dein **Schnarchen** stört mich. ____________________

Mein **Singen** war sehr laut. ____________________

Ihr **Angeben** wirkte unangenehm. ____________________

Sein **Suchen** war vergeblich. ____________________

Dein **Lesen** klappt schon recht gut. ____________________

Sein **Fortlaufen** nützte ihm nichts. ____________________

Ihr **Lachen** wirkte ansteckend. ____________________

Dein **Rütteln** an der Tür weckte mich. ____________________

Euer **Bitten** war nicht vergebens. ____________________

Hans und Ute helfen im Haushalt

Hier werden Substantiv und Verb getrennt geschrieben.	Hier werden aus Substantiven und Verben zusammengesetzte Substantive.
Ute wischt Staub.	Sie hilft beim **Staubwischen** gern mit.
Sie backt Kuchen.	Zum ________________ hat sie große Lust.
Sie macht Betten.	Das ________________ geht bei ihr flink.
Sie schält Obst.	Vom ________________ bekommt sie braune Finger.
Sie schlägt Sahne.	Nach dem ________________ nascht sie einen Löffel voll.
Sie putzt Fenster.	Die Kunst des ________________ beherrscht sie.
Hans holt Getränke.	Für das ________________ nimmt er einen Korb.
Er klopft den Teppich.	Im ________________ ist er ein Meister.
Er schleppt die Mülleimer.	Das ________________ ist „Männersache“.
Er räumt das Geschirr ein.	Für das ________________ hat er ein besonderes Talent.
Er deckt den Tisch.	Beim ________________ pfeift er lustige Lieder.
Er gräbt den Garten um.	Zum ________________ gehört Kraft.

1. Ergänze die Sätze wie das Beispiel zeigt.

2. Ordne die Dinge und Tätigkeiten so:

Allerlei Dinge	Allerlei Tätigkeiten
Klavier	Zähne putzen
Hacke	Fußball spielen
Zahnbürste	Geschirr spülen
Fußball	Unkraut jäten
Gießkanne	Schuhe putzen
Schuhbürste	Blumen gießen
Zeitung	Klavier spielen
Spülbecken	Zeitung lesen
Rad	Rad fahren

Was?	Was tun?	Wozu?
Das Klavier	Klavier spielen	zum Klavierspielen

3. **Keine Lust mehr**
Schreibe so: Ich habe keine Lust mehr zum Klavierspielen.

Erkenntnisse

Was schön war, bleibt in Erinnerung. – Was unangenehm war, wird meistens wieder vergessen. – Was gut ist, setzt sich durch. – Was teuer ist, muss nicht immer gut sein. – Was billig ist, muss nicht immer schlecht sein. – Was böse ist, wird leider oft zu spät erkannt. – Was bei einer Reklame auffällig ist, wird meistens von allen gelesen. – Was unauffällig ist, wird meistens übersehen. – Was krumm ist, ist nicht gerade.

1. Unterstreiche die Adjektive in den Sätzen.
2. Schreibe nun so in dein Heft:
   Das Schöne bleibt in Erinnerung. – Das Unangenehme ...
   Unterstreiche dann die Adjektive, die als Substantive gebraucht worden sind.

Merke

Adjektive werden großgeschrieben, wenn sie als Substantive gebraucht werden. Vor Substantive kannst du einen Artikel setzen.

Manchmal muss man sich damit abfinden

Wer vergesslich ist, macht viele unnötige Wege. – Wer unordentlich ist, verliert viel Zeit beim Suchen. – Wer krank ist, braucht Medikamente. – Wer ungesellig ist, wird oft allein gelassen. – Wer schlagfertig ist, hat die Lacher auf seiner Seite. – Wer geizig ist, hat bald keine Freunde mehr. – Wer traurig ist, hat Zuspruch nötig. – Wer erwachsen ist, hat mehr Rechte und Pflichten.

3. Unterstreiche die Adjektive in den Sätzen.
4. Verändere nun die Sätze wie das Beispiel dir zeigt.
   Der Vergessliche macht viele unnötige Wege.
   Unterstreiche dann die Adjektive, die als Substantive gebraucht worden sind.
5. **Wer die Wahl hat, hat die Qual**
   In jedem der folgenden Sätze findest du Adjektive. Unterstreiche die Adjektive, die als Substantive gebraucht und deshalb großgeschrieben werden.
   Schreibe sie mit Artikel in die Linien.

1. Anke verband das (n)ützliche mit dem (a)ngenehmen. ____________________
2. Felix ist (s)cheu, er kann sich aber auch durchsetzen. ____________________
3. Seine Bewegungen waren (k)raftlos. ____________________
4. Der Künstler verband (g)eistreiches mit (s)chönem. ____________________
5. Du bist immer so (p)raktisch. ____________________
6. Du sollst nicht (g)leiches mit (g)leichem vergelten. ____________________
7. Das (t)ollste an dem Auto ist sein Preis. ____________________
8. Du triffst aber immer ins (s)chwarze. ____________________

6. Schreibe die Sätze nun richtig in dein Heft.

wichtig

das / alles / manches → Wichtige

etwas / nichts / wenig / viel → Wichtiges

Hans war auf dem Schulfest. Dort hat er sich alles ________________ angesehen.

Er hat etwas ________________ gesehen. Er hat nichts ________________ gesehen.

Er hat wenig ________________ gesehen. Er hat viel ________________ gesehen.

1. Setze „wichtig" ein. Achte auf die Großschreibung.

Merke

Aus Adjektiven werden Substantive, wenn die unbestimmten Zahlwörter **alles**, **manches**, **einiges**, **etliches**, **etwas**, **nichts**, **wenig**, **viel**, **allerlei**, **genug** oder der Artikel **das** davor geschrieben werden.

2. Kannst du Sätze schreiben, wie das Beispiel dir zeigt?

Ich wollte alles tun, was gut war.

Ich wollte alles Gute tun.

In der Zeitung habe ich manches gelesen, was spannend war.

Ich habe nichts gehört, was mir neu war.

Ich habe über dich etwas gehört, was mir neu war.

Auf der Reise habe ich viel erlebt, was interessant war.

Der Unterhaltungsfilm brachte wenig, was lustig war.

3. Kreise das Adjektiv ein, das zum Substantiv geworden ist.

Nachrichten aus der Zeitung

Aus der Zeitung erfahren wir alles Neue, Wissenswerte und Interessante.
Aus der Zeitung erfahren wir viel …

1. Schreibe ebenso die Sätze mit folgenden Zusammensetzungen.

viel	–	wichtig, unbekannt, merkwürdig
allerlei	–	schrecklich, entsetzlich, gemein
manches	–	traurig, schlimm, ernst
mancherlei	–	wahr, richtig, zutreffend
genug	–	nebensächlich, überflüssig, langweilig
einiges	–	falsch, dumm, hässlich
etliches	–	lehrreich, unterhaltend, kurzweilig
wenig	–	gut, schön, hübsch
nichts	–	erfreulich, erhebend, befriedigend
etwas	–	aufregend, nützlich, unterhaltsam

2. Ergänze durch passende Wörter. Suche Adjektive.
Überlege, ob du groß- oder kleinschreiben musst.

Ich wünsche dir alles ______________. Sie hat schon viel ______________ in ihrem Leben erlebt. Von uns gibt es nichts ______________ zu berichten. Ich habe gestern etwas ______________ erlebt. Die letzten Nachrichten brachten wenig ______________. In der Zeitschrift entdeckte ich manches ______________. In den Ferien erlebten wir genug ______________. Auf der Kirmes ist allerlei ______________ zu sehen. Leider geht jedes ______________ einmal zu Ende. Ich wollte dir etwas ______________ sagen.

Auf der Geisterbahn

Anke und Felix bestiegen den (k)leinen Wagen und rollten (l)angsam auf den Eingang zu. Sie erwarteten manches (a)ufregende und waren auf das (ä)ußerste gespannt. Beim Übergang vom (h)ellen ins (d)unkle sahen sie (k)urze Zeit nichts. Sie waren auf (s)chreckliches gefasst und rückten (e)ng zusammen. Ein Skelett näherte sich ihnen und plötzlich spürte Anke das (k)alte einer Knochenhand in ihrem Nacken. Von oben näherte sich etwas (u)nheimliches, ein (r)iesiger Vogel mit (l)angen, (s)charfen Krallen. Als er die Kinder fassen wollte, wurde er von einem Drachen verdrängt. Das (r)ot seiner (l)angen Zunge erhellte (k)urz den Raum und die Kinder erblickten das (e)kelhafteste, was sie je gesehen hatten. Eine Riesenspinne mit (d)ünnen, (l)angen Beinen näherte sich dem Wagen. Die (b)ehaarten Beine kamen immer näher – doch plötzlich empfing sie (f)röhliches Lachen und sie waren wieder in der Wirklichkeit. Sie hatten (s)chlimmes und (u)nheimliches (u)nbeschadet überstanden. Anke und Felix waren sich einig, dass sie genug (a)ufregendes erlebt hatten.

In diesem Text sind mehrere Bereiche durcheinander gewürfelt:
- kleingeschriebene Adjektive, großgeschriebene Adjektive,
- großgeschriebene Adjektive ohne Artikel, großgeschriebene Adjektive mit Artikel,
- großgeschriebene Adjektive mit Präposition,
- großgeschriebene Adjektive, bei denen der Artikel durch unbestimmte Zahlwörter ersetzt wurde.

3. Unterstreiche die Adjektive, die großgeschrieben werden müssen.
Schreibe den Text richtig ab.

Adjektive können Teil eines Eigennamens sein

Merke

> Adjektive werden großgeschrieben, wenn sie als Beifügung (Attribut) zum Substantiv gebraucht werden und als Eigenname etwas Bestimmtes, Einmaliges oder Besonderes darstellen.
> Beispiel: Schulen – die Städtische Mädchenschule
> erdkundliche Namen – das Schwarze Meer
> Zeitungen und Bücher – die Preußischen Jahrbücher
> Personen und Titel – der Große Kurfürst

Sind die Adjektive Teil des Eigennamens?

1. In jedem Satz gehört zu einem Substantiv ein Adjektiv als Beifügung (Attribut). Kreuze die Sätze an, in denen das Adjektiv Teil des Eigennamens ist und großgeschrieben werden muss (11 Sätze).
2. Schreibe nun diese angekreuzten Sätze in dein Heft.

1. Christoph Columbus überquerte 1492 mit drei Segelschiffen den (a)tlantischen Ozean.
2. Die (w)estlichen Winde bringen uns oft schlechtes Wetter.
3. In den USA wohnen (w)eiße und (sch)warze Bürger.
4. Friedrich II. von Preußen hieß im Volksmund der (a)lte Fritz.
5. Der (s)tille Ozean ist das größte Weltmeer.
6. In dem (w)eißen Gebäude dort drüben wohne ich.
7. Im (w)eißen Haus in Washington wohnt der Präsident der USA.
8. Im (n)ördlichen Eismeer liegt die Insel Jan Mayen.
9. Der (g)roße Arber ist der höchste Berg im Bayerischen Wald.
10. Das (r)ote Kreuz ist eine Hilfsorganisation.
11. Das (r)ote Kreuz am Heftrand weist auf einen Fehler hin.
12. Rom nennt man die (e)wige Stadt.
13. Die (n)orddeutschen Moore wurden zum größten Teil in Kulturland verwandelt.
14. Das (b)ürgerliche Gesetzbuch sollte in keinem Hause fehlen.
15. Mit der (h)eiligen Schrift ist die Bibel gemeint.
16. Das (s)chwarze Meer ist nicht wirklich schwarz.
17. Dieser (s)tille See bietet Ruhe und Erholung.
18. Ebbe und Flut folgen einander im (e)wigen Wechsel.

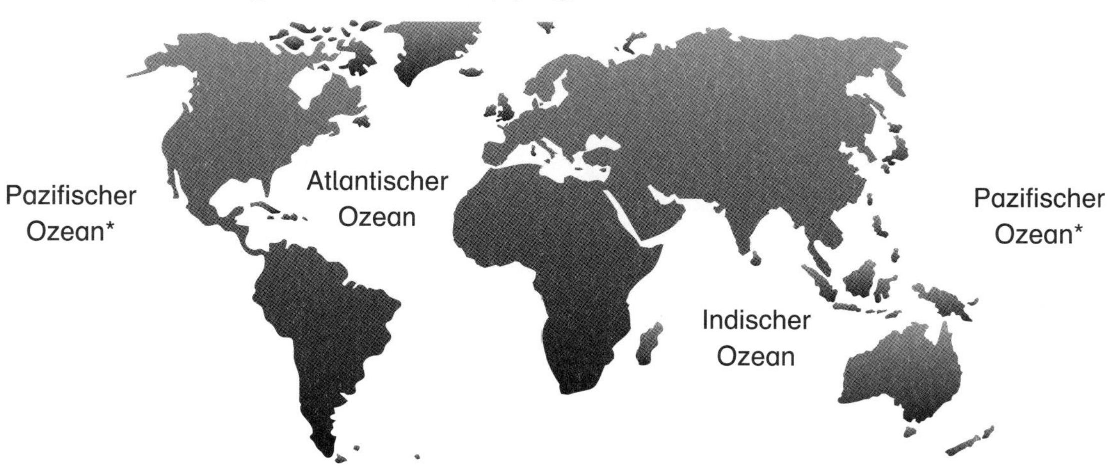

* Der Pazifische Ozean wird auch Stiller Ozean genannt.

Emmental – Käse, Edam – Käse, Magdeburg – Börde, Soest – Börde, Kanada – Weizen, Holland – Tulpenzwiebeln, Spanien – Apfelsinen, Dänemark – Butter, Belgien – Grenze, Aachen – Printen, Nürnberg – Lebkuchen, Norwegen – Fjorde, Ulm – Münster, Köln – Dom, Schweden – Eisenerz, Portugal – Sardinen, Mainz – Karneval, Europa – Hauptstädte, Griechenland – Feigen, Augsburg – Puppenkiste, Lübeck – Rathaus, Ägypten – Baumwolle, Berlin – Pfannkuchen, Frankreich – Rotwein.

1. Hänge an die Städtenamen die Endung -er.
Bilde aus den Ländernamen Adjektive mit der Endung -isch.
Füge die neuen Wörter den zugehörigen Substantiven bei. Ordne sie in zwei Gruppen.

Endung -isch	**Endung -er**
die holländischen Tulpenzwiebeln	der Emmentaler Käse
die	der

2. Wenn dir noch weitere Beispiele einfallen, schreibe sie in dein Heft.

Merke

Beifügungen, die aus Städtenamen mit der Endung **-er** gebildet werden, schreibt man groß. Beifügungen, die aus Ländernamen mit der Endung **-isch** gebildet werden, schreibt man klein.

Adjektive als Beinamen

Merke

Wird ein Adjektiv als Beiname gebraucht, schreibt man es groß.
Beispiel: Karl der Kahle, Pippin der Kleine, Peter der Große.

Kurt gibt kluge Antworten.	Er heißt Kurt der Kluge.
Petra ist immer lustig.	Sie heißt ______________________.
Helga ist immer reiselustig.	Sie heißt ______________________.
Peter ist gutmütig.	Er heißt ______________________.
Anke hat es immer eilig.	Sie heißt ______________________.

3. Schreibe ebenso: Felix ist redegewandt. Ute ist stets schweigsam.
Hans arbeitet sehr sorgfältig. Max verhält sich sehr ruhig.
Fritz ist ein ernster Mensch. Uli ist beim Turnen sehr gelenkig.

Was ist nur mit den Fischen los?

Als ich gestern Morgen mein Taschengeld bekam, konnte ich mir endlich meinen Wunsch erfüllen. Ich hatte nämlich vorgestern im Zoogeschäft kleine rote Korallenfische gesehen, die ich gern für mein Aquarium haben wollte. Schon am Vormittag in der Schule musste ich immer wieder an die Fische denken und am Nachmittag fuhr ich dann sofort mit dem Rad zum Zoogeschäft und kaufte mir vier Fische. Ich brachte sie in einer mit Wasser gefüllten Plastiktüte heim und kippte sie ins Aquarium. Sie schwammen unruhig umher und als ich gestern Abend noch einmal nach ihnen sah, trieb einer tot an der Wasseroberfläche. Leider fand ich heute Morgen einen zweiten toten Fisch im Aquarium und jetzt ist noch ein Fisch gestorben, sodass nur noch ein Fisch lebt. Ich werde morgen Mittag, sofort nach der Schule, ins Zoogeschäft fahren und fragen, was ich vielleicht falsch gemacht habe.

1. Unterstreiche im Text die Zeitangaben.

2. Ordne die Zeitangaben so:

1. Zeitangaben mit Kleinschreibung: ______________________________

____

2. Zeitangaben mit Großschreibung: ______________________________

____

3. Zeitangaben mit Groß- und Kleinschreibung: ______________________

____

Merke

Regel 1:
Adverbien wie heute, gestern, morgen usw. werden kleingeschrieben.
Regel 2:
Die Namen der Tages- und Nachtzeiten werden in Verbindung mit vorgestern, gestern, heute, morgen, übermorgen großgeschrieben.
Beispiele: vorgestern Nacht, gestern Abend, heute Morgen, morgen Mittag, übermorgen Vormittag, morgen Nachmittag usw.

3. Welche Tages- oder Nachtzeiten können hier eingesetzt werden? Ergänze die Sätze.

Wahrscheinlich kommt ______________________ der Schulzahnarzt.

Wir wollen ______________________ eine Gärtnerei besichtigen.

Wir planen für ______________________ einen Schulausflug.

Ich bin ______________________ von dem Gewitter aufgewacht.

Hast du ______________________ den Abenteuerfilm gesehen?

Alle Tage ist kein Sonntag

Ich stehe morgens gern spät auf und gehe abends gern spät ins Bett. Das kann ich mir aber nur samstags oder sonntags leisten, denn wochentags muss ich morgens immer früh aufstehen, um pünktlich zur Arbeit zu kommen.

1. Unterstreiche im Text die Zeitangaben. Beachte, dass sie kleingeschrieben werden.

Merke

Regel 3:
Zeitangaben auf -s wie abends, morgens, nachts, mittags, vormittags, nachmittags, wochentags, sonntags, montags, dienstags, mittwochs, donnerstags, freitags, samstags sind Adverbien (Umstandswörter) und werden kleingeschrieben.

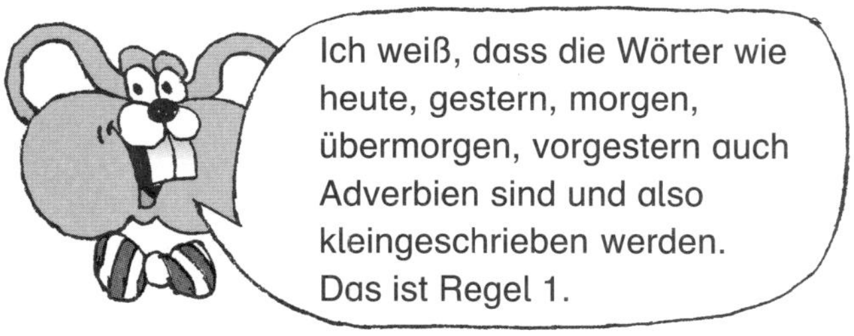

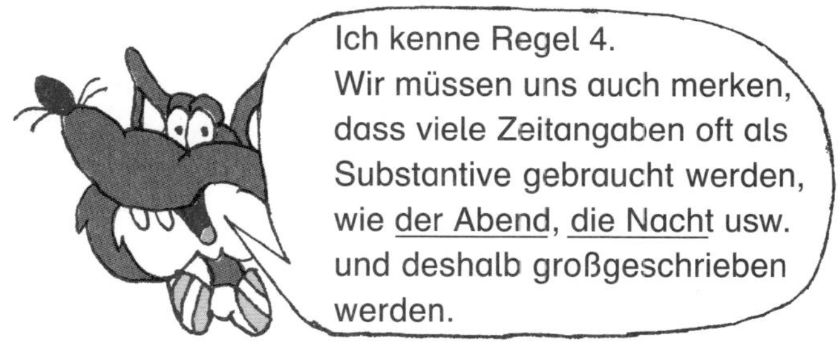

Merke

Regel 4:
Zeitangaben, die als Substantiv gebraucht werden, sind am Artikel zu erkennen oder man kann einen Artikel einsetzen.

Beispiele: am Abend, am Morgen (an dem), guten Morgen (der gute Morgen), gegen Nachmittag (gegen den Nachmittag)

Beim Fußballspiel verletzt

Lorenz und Hannes spielten GESTERN zusammen Fußball. Dabei verletzte sich Hannes am Fuß. Nun konnte er HEUTE MORGEN nicht zum Unterricht kommen. Lorenz ist um seinen Freund besorgt und ruft ihn deshalb NACHMITTAGS gleich an. Leider kann er ihn nicht erreichen. Aber am ABEND meldet sich Hannes und erzählt, dass er ins Krankenhaus musste. Der Arzt hat einen Bänderriss festgestellt. Nun muss er seinen Fuß ein paar TAGE schonen und darf also MORGEN noch nicht wieder in die Schule gehen.

2. Überlege, welche Regel für die Zeitangabe gilt und entscheide, ob du das Wort groß- oder kleinschreiben musst. Schreibe den Text ab. Lass ihn dir dann diktieren.

1. Schade, dass ich ___estern ___bend den Film nicht gesehen haben, denn alle haben am nächsten ___orgen davon erzählt.
2. Ich kann ___eute ___achmittag leider nicht kommen, weil wir ___orgen eine Arbeit schreiben, auf die ich mich noch vorbereiten muss.
3. Komm doch ___orgen ___bend zu uns, dann können wir uns das Feuerwerk in der ___acht gemeinsam ansehen.
4. Der Festzug bewegte sich ___ittags durch die Straßen bis zur Festwiese, wo am ___achmittag eine große Feier stattfand.
5. Die große Überraschung gab es ___bends, als das Feuerwerk startete.

3. Schreibe die Sätze richtig in dein Heft und gib die passende Regel an.

Feststehende Wendungen

Merke

Substantiv und Verb schreibt man meistens getrennt.
Beispiele: Angst haben, Auto fahren, Diät halten, Rhönrad fahren, Feuer fangen, Fuß fassen, Maß halten, Not leiden, Rad fahren, Rat suchen, Schlange stehen, Schuld haben, Walzer tanzen, Rad schlagen, Maschine schreiben, Kegel schieben, Folge leisten, Gefahr laufen, Radio hören, Tee trinken, Unkraut jäten, Rasen mähen, Zeitung lesen, Handball spielen usw.

1. Welche Wendungen können in folgende Sätze eingesetzt werden?

1. An dem Unfall sollte er ________________.
2. Er wollte in seiner Klassengemeinschaft ________________, deshalb übernahm er gerne Aufgaben für die Klasse.
3. Wir nehmen an dem Tanzkurs teil, weil wir gern ________________.
4. Ich repariere den Fahrradschlauch, damit ich wieder ________________ kann.
5. Aus Gesundheitsgründen muss ich ________________.
6. In den Kriegsgebieten müssen viele Menschen ________________.
7. Bei den Löscharbeiten müssen die Helfer aufpassen, dass ihre Kleider nicht ________________.
8. Wegen der Eintrittskarten mussten wir an der Kasse ________________.
9. Es gibt viele Situationen, in denen wir ________________.
10. Mutter bat uns, ihr bei der Gartenarbeit zu helfen. Anke wird ________________ und ich werde ________________.

Merke

Es gibt Ausnahmen, denn **bei einigen feststehenden Wendungen** schreibt man das **Substantiv und** das **Verb zusammen und klein.**
Beispiele: eislaufen, kopfstehen, leidtun, nottun, standhalten, stattfinden, stattgeben, teilhaben, teilnehmen, wundernehmen, pleitegehen usw.

2. Trage passende Wendungen aus dem Merkkasten in folgende Sätze ein.

1. Das Feuerwerk soll auf den Rheinwiesen ________________.
2. Alle Chöre der Stadt werden an dem Konzert ________________.
3. Es wird dir bestimmt ________________, wenn du zu Hause bleibst.
4. Bei den hohen Mietkosten werden viele Geschäfte ________________.
6. Sie wollten auf dem Schlossteich ________________, aber es setzte Tauwetter ein.

Feststehende Wendungen

Merke

Ein **Verb im Infinitiv und das nachfolgende Verb** schreibt man meistens getrennt. Beispiel: laufen lernen, arbeiten kommen, baden gehen, spazieren gehen, lesen üben, kennen lernen, liegen bleiben, stehen lassen, sitzen bleiben usw.

1. Welche Wendungen aus dem Merkkasten oben können in die folgenden Sätze eingesetzt werden? Ergänze die Sätze.

1. Sie wollten nachmittags im Park ______________________, aber das heftige Gewitter hielt sie davon ab.
2. Meine Mutter musste nach ihrer Hüftoperation erst wieder ______________________.
3. Ich werde ______________________, damit ich im Zeugnis eine gute Zensur bekomme.
4. An diesem heißen Sommertag will unsere gesamte Klasse ______________________.
5. Unsere Nachbarn wollen am Wochenende zu uns ______________________, um uns beim Hausbauen zu unterstützen.

Merke

Bei einigen Verben können der Infinitiv und das nachfolgende Verb auch zusammengeschrieben werden. Das zusammengeschriebene Verb hat dann eine andere Bedeutung, als die beiden einzelnen Verben.

Beispiel: kennenlernen (Erfahrung mit etwas haben), liegenbleiben (unerledigt bleiben), stehenlassen (nicht länger beachten), sitzenbleiben (nicht versetzt werden) → Leider wirst du am Ende des Schuljahres **sitzenbleiben**, weil du die Lernziele nicht erreicht hast. Hans darf neben seinem Freund nicht länger **sitzen bleiben**, weil er ständig den Unterricht stört.

Merke

Verbindungen mit „**sein**“ werden getrennt geschrieben.

Beispiel: beisammen sein, da sein, fertig sein, froh sein, los sein, pleite sein, vorbei sein, vorhanden sein, zufrieden sein, zusammen sein, zurück sein usw.

2. Welche Wendungen aus dem Merkkasten oben passen in die folgenden Sätze? Ergänze die Sätze.

1. Der Sommer wird ______________________, ehe wir einmal ins Freibad gehen konnten.
2. In meinem Bücherschrank müssen noch einige alte Fibeln ______________________.
3. Wir wollen ______________________, wenn wir gesund bleiben.
4. Wir werden früher als geplant von unserer Reise ______________________.
5. Du kannst ______________________, dass du mit dem Schrecken davon gekommen bist.
6. Im nächsten Frühjahr soll das Haus ______________________.
7. Wir wollen bei dem Gartenfest fröhlich ______________________.

„das“ als Artikel und Demonstrativpronomen

das **kann ein bestimmter Artikel sein**

________ Licht leuchtet im Dunkeln. ________ Kind spricht die Wahrheit. ________ lustige Lied klingt durch den Wald. ________ unheimliche Geschrei kam von einem Uhu. Die Bergwand wirft ________ Echo zurück. Der Schüler freut sich über ________ gute Zeugnis.

1. Schreibe den bestimmten Artikel in die Satzlücken.

das **kann ein Demonstrativpronomen (hinweisendes Fürwort) sein**

________ sollte dir eine Lehre sein. ________ hätte ich mir denken können. ________ ist doch nicht schwer zu verstehen. Wir haben ________ nicht gewusst. ________ ist der schönste Tag meines Lebens. ________ ist der beste Film des Jahres.

2. Schreibe das Demonstrativpronomen in die Satzlücken.

3. Schreibe nun die Sätze ab und setze für (das) das Wort (dies) ein.

Merke Für das Demonstrativpronomen kannst du immer **dies** einsetzen.

Gereimte Gegenteile

dumm, fein, hell, klein, krumm, schlecht, schnell, seicht, leicht, echt

4. Suche das Gegenteil. Das Beispiel hilft dir. Immer zwei Zeilen reimen sich.
Beginne nach dem Komma immer mit „das ist …“.

dunkel	Was nicht dunkel ist, das ist hell.
langsam	________
klug	________
gerade	________
schwer	________
tief	________
grob	________
groß	________
gut	________
gefälscht	________

das **kann ein Relativpronomen (rückbezügliches Fürwort) sein**

Kinderwünsche

Malte wünscht sich ein Buch, ________ spannende Tiergeschichten enthält.

Lea will sich ein Flugzeug kaufen, ________ sie fernsteuern kann.

Peter träumt von einem Fahrrad, ________ schwarz ist.

Leyla möchte ein Tier haben, ________ ihr allein gehört.

Tom möchte ein neues T-Shirt haben, ________ zu seiner Hose passt.

Uli will für ein Handy sparen, ________ zwei Kopfhöreranschlüsse hat.

1. Ergänze die Sätze. Schreibe sie vollständig in dein Heft.
Schreibe die gleichen Sätze, indem du das durch welches ersetzt.

Merke Wenn **das** ein Relativpronomen ist, kannst du immer **welches** dafür einsetzen.

Das abenteuerliche Leben des Robinson Crusoe

In den Jahren 1719/20 veröffentlichte Daniel Defoe ein Buch, ________ ihn weltberühmt machte. Er beschreibt darin das Leben von Robinson Crusoe, ________ waghalsig und aufregend war. Robinson verließ sein Elternhaus, ________ in York in England stand. Am 1.9.1659 ging er an Bord eines Schiffes, ________ nach Guinea segeln sollte. Doch es geriet in einen Sturm. Nur Robinson konnte sich an das Ufer eines Landes retten, ________ ein Matrose vorher gesichtet hatte. Das einsame Leben, ________ Robinson auf der unbewohnten Insel vor der Küste Amerikas führte, dauerte 28 Jahre. Nahe der Mündung des großen Stromes Orinoko soll das Inselufer gewesen sein, an ________ sich Robinson mit allergrößter Anstrengung retten konnte. Aus einem Tagebuch, ________ er über seine Erlebnisse auf der Insel schrieb, könnt ihr mehr über sein abenteuerliches Leben erfahren.

2. Ergänze die Sätze, indem du das Relativpronomen „das“ einfügst.

3. Schreibe den Text in dein Heft.
Ersetze nun **das** durch **welches**.

„dass“ ist immer eine Konjunktion (ein Bindewort)

Ich hoffe, ________ wir heute nur wenig Schulaufgaben machen müssen.

Ich glaube, ________ ich heute beim Abwaschen helfen muss.

Ich freue mich, ________ wir heute den Zoo besuchen wollen.

Meine Eltern meinen, ________ ich sehr blass aussehe.

Es regt mich manchmal auf, ________ mein Bruder mich stört.

Ich denke, ________ ich heute noch im Bett lesen werde.

1. Ergänze die Sätze, indem du das Bindewort „dass“ einsetzt.

Merke | **dass** steht oft nach Verben des Sagens

Nach einem Unfall

1. Der Motorradfahrer erklärt. Der Autofahrer ist zu schnell an die Kreuzung herangefahren.
2. Ein Zeuge behauptet. Der Motorradfahrer hat die Vorfahrt nicht beachtet.
3. Ein anderer Zeuge wirft ein. Die Ampel war nämlich schon auf ‚Rot‘ gesprungen.
4. Der Autofahrer widerspricht. Die Ampel stand noch auf ‚Gelb‘.
5. Der erste Zeuge rät. Die Polizei sollte geholt werden.
6. Der Motorradfahrer stimmt zu. Sie können das Problem allein nicht lösen.

2. Verbinde die Satzpaare mit dem Bindewort „dass“.
Schreibe so: Der Motorradfahrer erklärt, dass der Autofahrer zu schnell an die Kreuzung herangefahren sei.

so …, dass …

Kirche, baufällig – renovieren	Die Kirche ist so baufällig, dass sie renoviert werden muss.
Löschblatt, verschmiert – ersetzen	
Fahrrad, klapprig – verschrotten	
Baum, morsch – umbrechen	
Sturm, heftig – Bäume entwurzeln	
Film, langweilig – nicht ansehen	
Suppe, salzig – nicht aufessen	
Hunde, ängstlich – verkriechen	

3. Verbinde die Stichwörter mithilfe von **so …, dass …** zu einem sinnvollen Satz.

Unerwarteter Besuch

Eines Abends machten wir im Wohnzimmer unsere Schulaufgaben. Da hörten wir vor der Balkontür ein leises Miauen, das recht kläglich klang. Ein schwarzes Kätzchen, das sehr mager aussah, drückte sich an die Scheibe. „Ich glaube, dass es Hunger hat“, meinte mein Bruder. Ich holte ein Schälchen aus dem Schrank, das ich mit Milch füllte und vor die Tür stellte. Wir sahen, dass das Kätzchen bald näher kam und die Milch mit Behagen schleckte. Ich streichelte das Tierchen und freute mich, dass es schon zutraulich war. Mutter versprach uns, dass wir es behalten dürften, wenn es kein anderer haben wolle.

1. Schreibe den Text ab und schreibe statt der umrandeten Wörter, wo es möglich ist, dieses oder welches.

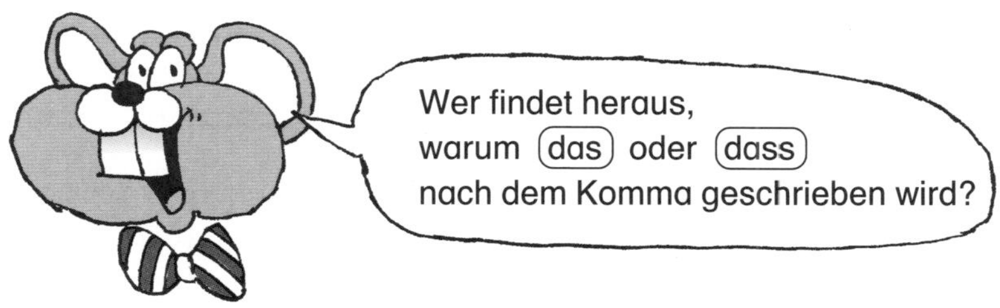

Merke

dass steht nach Verben des Sagens, Meinens, Denkens, Fühlens und Wahrnehmens

Nach dem Komma schreiben wir das, wenn es sich auf ein Wort vor dem Komma bezieht und wenn man dieses oder welches stattdessen schreiben kann.

D’Artagnan und die drei Musketiere

D’Artagnan erkannte, ______ er ohne Freunde verloren war. So war er sehr erfreut, ______ er die drei Musketiere traf. Sie erlebten so viele gemeinsame Abenteuer, ______ der Schriftsteller Alexander Dumas ein ganzes Buch darüber schrieb. Im Auftrag der Königin von Frankreich reiste D’Artagnan nach London. ______ war ein schwieriges Unternehmen, da er die englische Sprache nicht verstand. Aber er vertraute auf sein Glück, ______ ihn noch nie verlassen hatte und hoffte, ______ alles gut gehen werde. So war es dann auch.

2. In fast alle Kästchen gehört „dass“. Du musst aber auch zweimal „das“ einfügen.

3. Schreibe möglichst viele Satzgefüge.

Jochen hofft,	dass er Glück hat.
Ute vermutet,	______ sie die Prüfung bestanden hat.
Hans rechnet damit,	______ er das Licht ausgemacht hat.
Anke ist sicher,	______ sie den Schlüssel noch wiederfindet.
Michael behauptet,	______ er viele Fehler gemacht hat.
Lorenz bestreitet,	______ er nicht aufgepasst hat.

Reporter fragt Kinder

Begreifst du, ______ Schule notwendig ist?

Meinst du, ______ Schule Spaß macht?

Hoffst du, ______ dein Lehrer krank wird?

Findest du, ______ die Ferien zu lang sind?

Glaubst du, ______ die Diktate zu schwer sind?

Weißt du, ______ Rechtschreiben schwer ist?

Möchtest du, ______ die Hausaufgaben abgeschafft werden?

Merkst du, ______ das Lernen Spaß macht?

1. Musst du (dass) oder (das) in die Fragen einfügen?
   Prüfe, ob du (welches) in die Lücken einfügen kannst.

Der erste Schnee

Endlich hat es so tüchtig geschneit, ______ der Schnee liegen bleibt. Die Schneedecke ist so dick, ______ die Kinder rodeln können. Das ist ein herrliches Spiel, ______ niemand beenden möchte. Die Kinder wünschen sich, ______ der Schnee noch lange nicht schmilzt. Sie machen sich nichts daraus, ______ sie kalte Hände und rote Nasen bekommen. Nur ein kleines Kind, ______ zum ersten Mal auf den Schlitten gesetzt wird, schaut ängstlich aus. Doch bald macht ihm das Rodeln solchen Spaß, ______ es sich nicht mehr von der Rodelbahn trennen möchte. Das Rufen, Jauchzen und Lachen der Kinder, ______ von der Rodelbahn schallt, verstummt erst in der Dunkelheit.

2. Setze (dass) oder (das) richtig ein.
   Schreibe den Text als Selbstdiktat in dein Heft.
   Schau dir einen Satzteil an, decke ihn zu und schreibe ihn auswendig auf.
   Vergleiche dann, ob du richtig geschrieben hast.

Klaus überprüft sein Rechenergebnis

Klaus will Buchhalter werden. Das Schlimmste für ihn ist, ________ sein Rechnen zu immer neuen Ergebnissen führt. Er ist überzeugt, ________ dies nicht an den Zahlen liegen kann. Die Zahlen sind nämlich immer dieselben. Es stört ihn nicht, ________ sein Vorgesetzter ärgerlich wird, wenn Klaus mit stets neuen Ergebnissen den Stand der Portokasse errechnet. Aber wie viel nun eigentlich wirklich in der Kasse sein muss, ________ möchte er selbst gern wissen. Dem Buchhalter fällt auf, ________ Klaus schon den halben Nachmittag rechnet. Da er es nicht gewohnt ist, ________ Klaus so ausdauernd an einer Rechnung arbeitet, muss ________ doch einen besonderen Grund haben. Darum erkundigt er sich beim Klaus nach der Ursache. Klaus stöhnt: „Ich habe jetzt schon zwölfmal nachgerechnet!" „Es ist erfreulich, ________ du beim Nachrechnen gründlich bist", lobt der Buchhalter. „Was hast du nun errechnet?" „Wollen Sie alle zwölf Ergebnisse wissen?", fragt Klaus zweifelnd zurück.

1. Setze (dass) oder (das) richtig ein.
Lass dir den Text von deinem Nachbarn diktieren.

Notizen aus dem Alltag

1. Hast du das Kleid abgeholt, ________ Mutter in die Reinigung gegeben hatte?
2. Mutter glaubt, ________ ihr das Kleid gut steht.
3. Wir müssen das Fahrrad reparieren, ________ wir uns geborgt haben.
4. Ich meine, ________ wir es so nicht zurückgeben können.
5. Vater möchte mit dem Auto fahren, ________ in der Garage steht.
6. Mutter meint, ________ das Auto vor unserer Abreise noch gewaschen werden muss.
7. Hast du das Buch schon gelesen, ________ du dir aus der Bücherei geholt hast?
8. Ich kann dir versichern, ________ es sehr spannend geschrieben ist.

2. Schreibe die Sätze in dein Heft und setze (dass) oder (das) richtig ein.

Katze und Vogel

Da___ ( ) Vogelbrett auf dem Balkon ist mit Futter bestreut. Die Vögel merken, da___ ( ) sie eine neue Futterstelle erhalten haben. Da___ ( ) schlanke Rotkehlchen, da___ ( ) scheuer als die Spatzen und Meisen ist, kommt nur, wenn kein anderer Vogel auf dem Brett sitzt. Manchmal ärgere ich mich, da___ ( ) die Spatzen so zahlreich erscheinen. Sie picken die Körner so hastig auf, da___ ( ) der ganze Balkon mit Körnern und leeren Hülsen bedeckt ist. Manchmal zanken sie sich auch um da___ ( ) Futter. Ist da___ ( ) eine kecke Gesellschaft! Die Meisen mit den runden Bäuchlein bewegen sich so flink, da___ ( ) sie wie Bälle über das Brett hüpfen.

Da___ ( ) ist ein Schreck! Hinter dem Fenster lauert da___ ( ) Kätzchen. Es ist so aufgeregt, da___ ( ) seine Zähne aufeinander klappern und da___ ( ) Schwanzspitzchen wild auf den Boden schlägt. Es begreift nicht, da___ ( ) die Scheibe zwischen ihm und den Vögeln sein muss. Ist da___ ( ) eine Qual, da___ ( ) es eingesperrt ist! Jetzt verliert es die Geduld und springt so an die Scheibe, da___ ( ) alle Vögel erschreckt fortfliegen. Aber was nützt ihm da___ ( )? Bald kommen die Vögel wieder und da___ ( ) qualvolle Spiel beginnt aufs Neue.

Ergänze im Text **s** oder **ss**.
Hinter jedem **das** oder **dass** steht eine Klammer. Schreibe hinein, ob es sich um einen Artikel, ein Relativpronomen, ein Demonstrativpronomen oder eine Konjunktion handelt.
Benutze folgende Abkürzungen:
Artikel (A) – Begleiter
Relativpronomen (R) – rückbezügliches Fürwort
Demonstrativpronomen (D) – hinweisendes Fürwort
Konjunktion (K) – Bindewort

Merke

1. Stimmhaftes **s** schreibt man immer s. Die gebeugte Form der Verben richtet sich nach dem Infinitiv. Beispiel: rasen – er rast, lesen – er liest
2. Nach kurzem Vokal schreibt man **ss**. Beispiel: wissen – ihr wisst, essen – ihr esst
3. Nach langem Vokal und nach Zwielaut steht **s** oder **ß**. Beispiel: Kloß, Reis

Der Hund und sein Spiegelbild (nach Äsop)

Müh___am ( ) hatte ein Hund ein Stück Fleisch an sich geri___en ( ) und sau___te ( ) nun aus der Stadt, um es in Ruhe genie___en ( ) zu können. Da gelangte er an einen Flu___ ( ), den er überqueren mu___te ( ). Gerade als er das Ufer verla___en ( ) wollte, sah er im Wa___er ( ) einen zweiten Hund, der ebenfalls ein Stück Fleisch trug. Gierig schnappte er nach seinem Spiegelbild, um diesem das Fleisch zu entrei___en ( ). Dabei lie___ ( ) er sein eigenes Stück Fleisch fallen und das schnell flie___ende ( ) Wa___er ( ) ri___ ( ) es mit sich fort. So hatte er wieder nichts zu fre___en ( ).

1. Setze die s-Schreibungen in den Text ein. Schreibe in die Klammern die Nummern der Rechtschreibregel für die s-Schreibung, die du beachten musst (siehe oben).

2. Lass dir den Text von deinem Partner diktieren.

Lücken füllen

messen	er misst	er maß	er hat gemessen
	er schießt		
		er fraß	
	er bläst		
			er hat gelesen
fließen			
beweisen			
		er ließ	
			er ist gereist
reißen			

3. Trage die fehlenden Personalformen in die Lücken ein. Kontrolliere mit dem Wörterbuch.

Alle Wörter enden auf -is oder -as oder -us

Herstellungsprodukt

Resultat

Großes Auto

Haftanstalt

Rätselhaftes

Große Gartenfrucht

Buch voller Landkarten

Artistisches Unternehmen

In Bildworten sprechen

Beerdigung

Spielkarte

Frühblühende Blume

Dunkelheit

1. Trage die folgenden Wörter oben richtig in die Kästchen ein.

Finsternis, Erzeugnis, Atlas, Krokus, Ergebnis, Zirkus, As, Autobus, Kürbis, Begräbnis, Gefängnis, Gleichnis, Geheimnis

2. Die Buchstaben in den Kreisen ergeben das Prüfwort.

Nach Silben trennen

3. Trenne diese Wörter nach Silben. Achte darauf, dass man **ss** trennen kann. Auch (sp) und (st) kann man trennen.

rostig	Erbse	kosten
riesig	Kasper	räuspern
dunstig	Fenster	basteln
tapsig	Rätsel	vergessen
finster	Kruste	flüstern
flüssig	Lotse	fressen
hastig	Muster	bürsten

Martin hat eine tolle Idee

Martin war bekannt für seine ausgefallenen Ideen. Aber was er jetzt entwickelte, war das Verrückteste, was er je ersonnen hatte. „Stellt euch vor“, schwärmte er vor seinen Freunden, „man könnte alle Mülleimer der Stadt zusammenschleppen und aufeinander stellen, dazu noch alle Konservendosen sammeln und darüber türmen und noch sämtliche Benzinkanister, Blechschüsseln, Sammelbüchsen und Spardosen als Turmspitze aufschichten.“
„Aber Martin!“ Seine Freunde schüttelten fassungslos den Kopf und fragten: „Wozu denn das alles?“ Martin schmunzelte: „Na, stellt euch mal vor, man würde diesen riesigen Blechturm auf einmal umwerfen. Das würde vielleicht scheppern.“

1. Unterstreiche alle Wörter mit doppeltem Konsonanten.
2. Schreibe diese Wörter in dein Heft. Lass dir den Text diktieren.

Merke

> Bei Wortzusammensetzungen können drei gleiche Konsonanten zusammentreffen.
> Beispiel: das Ballett – die Tänzerin – die Balletttänzerin.

3. Setze nach dieser Regel folgende Wörter zusammen.

Stoff	– Fetzen	Stofffetzen	Brenn	– Nessel	______
Schritt	– Tempo	______	Still	– Legung	______
Gewinn	– Nummer	______	Stamm	– Mutter	______
Müll	– Lager	______	Kenn	– Nummer	______
Krepp	– Papier	______	Schlamm	– Masse	______

4. Schreibe aus den folgenden Wortgruppen Sätze.
Beispiel: Ein Meister im Schwimmen ist ein Schwimmmeister.

ein Lappen aus Wolle; eine Fahrt auf dem Schiff; ein Laden, der rollt; ein schneller Läufer; eine Laterne für den Stall; eine Liste zum Bestellen; ein Tuch für das Bett; ein Löffel aus Metall; ein Napf aus Zinn; ein Fetzen aus Stoff; die Farbe für den Stoff; eine Linse aus Kristall; eine Tänzerin im Ballett; ein Topf für das Fett; eine Tür zur Werkstatt; ein Pult zum Klappen; eine Lampe zur Kontrolle; eine Fülle von Stoff; eine Tafel, auf der Wetten notiert werden.

5. Unterstreiche in deinen Sätzen die Wortzusammensetzungen, in denen drei gleiche Konsonanten vorkommen müssen.

Drei gleiche Konsonanten treffen zusammen

Merke In Wortverbindungen können drei gleiche Konsonanten zusammentreffen.

Wettturnen aus: Wette und turnen

Brennnessel aus: ______

Rollladen aus: ______

Wetttauchen aus: ______

Schwimmmeister aus: ______

Schritttempo aus: ______

Schnellläufer aus: ______

Stofffülle aus: ______

1. Erkläre mithilfe von Substantiven, Verben und Adjektiven die zusammengesetzten Wörter.

Merke Bei der Silbentrennung wird der dritte Konsonant abgetrennt.

Stalllicht	Stall – licht	Wolllappen	
Schifffahrt		Stofffarbe	
Stilllegung		Rollladen	
Fetttopf		Stalllaterne	
Brennnessel		Betttuch	
Bestellliste		Zinnnapf	
Metalllöffel		Stofffetzen	
Kristalllinse		Balletttänzerin	
Klapppult		Werkstatttür	
Kennnummer		Schlammmasse	

2. Trenne die Wörter nach Silben. Achte dabei auf die drei gleichen Konsonanten.

Gefahren im Herbst

Die gefährlichste Jahreszeit für alle Verkehrsteilnehmer ist wohl der Herbst.
Wie statistische Untersuchungen ergaben, passieren die meisten Verkehrsunfälle im Herbst. Die Straßen sind feucht und schmierig geworden, denn Nieselregen und Herbstlaub bilden auf der Fahrbahn eine schmierige Schicht, die den Bremsweg der Fahrzeuge erheblich verlängert. Starke Regengüsse verwandeln große Straßenteile regelrecht in flache Seen, wodurch das Lenken der Autos erschwert wird. Dazu kommt noch, dass oft Nebel die Sicht erheblich behindert. Radfahrer sollten deshalb stets den äußersten rechten Teil der Fahrbahn benutzen. Bei aufkommendem Nebel sollten sie ihre Beleuchtungsanlage in Betrieb setzen, denn mit brennender Lampe können sie nicht nur selbst besser sehen, sondern können vor allem besser gesehen werden. Fußgängern und Radfahrern ist zu empfehlen, dass sie Kleidung in leuchtenden Farben tragen. Keinesfalls sollte die Kleidung dunkel oder unauffällig grau sein. Beim Ändern der Fahrtrichtung, beim Abbiegen und Einordnen ist besondere Vorsicht angebracht.
Es genügt nicht mit dem Arm die Richtungsänderung anzuzeigen. Man sollte sich auch vergewissern, dass kein Fahrzeug zum Überholen angesetzt hat, ehe man die bisherige Fahrspur verlässt.

1. Viele Wörter in diesem Text enthalten einen lang gesprochenen Vokal (Selbstlaut). Unterstreiche aber nur die Wörter, die ein Dehnungszeichen aufweisen. (Dehnungs-h, Dehnungs-e, Doppelvokal)
Lies dir vorher die Merksätze aufmerksam durch.

2. Trage den Text in dein Heft ein. Lass dir den Text an einem anderen Tag diktieren.

Merke

Es gibt vier Schreibweisen für die Dehnung von lang gesprochenen Vokalen/Umlauten:

1. Die Vokale/Umlaute werden oft durch den Buchstaben (h) gedehnt.
2. Der Vokal (i) wird häufig durch den Buchstaben (e) gedehnt.
3. Zusätzlich gibt es für die Vokale (a, e, o) die Dehnung durch Verdoppelung (aa, ee, oo).
4. Das ist besonders schwierig:
   Viele Wörter mit lang gesprochenen Vokalen/Umlauten besitzen kein Dehnungszeichen.

Schaffe Ordnung!

Bahn MEER LEHRER Uhr MÜHLE Moos

FLIEGE Zahl Hahn Lehm SAAL TEE

Lehne Regen Rohr BESEN MOOR

Brief Waage SCHNEE Fühler SIEB

Lohn Blume OHR Milchrahm

HAAR Beere Rahmen NOTE

Mehl WIESE Zoo RUHM BOOT PAAR

Wagen

1. Ordne die Wörter mit den unterschiedlichen Dehnungszeichen unten in die Tabelle ein.
2. Kreise die Wörter ohne Dehnungszeichen ein (5 Wörter).

hl	hm	hn	hr

aa	ee	oo	ie

Merke

Du weißt, dass die Länge eines Vokals oft durch einen zusätzlichen Buchstaben angezeigt wird. Das sind die Dehnungszeichen. Oft steht aber kein Dehnungszeichen, obwohl der Vokal lang gesprochen wird.

Wörterliste

Rabe	Feder	Brut	Rasen	Fuß	Schub
Knoten	Wagen	Buße	Rose	Gewebe	Ruder
Laden	Note	Blüte	Vogel	Segen	Grube
Regen	Kläger	Glut	Klöße	Boden	Gruß
Besen	Not	Leder	Gras	Bad	Globus
Hobel	Dose	Lösung	Maß	Soße	Tag

1. Ordne die Wörter.
Achte auf den Buchstaben nach dem lang gesprochenen Vokal.

b	d	g	s	t	ß

Merke Vor den Buchstaben **f, k, p, ß, z** steht nie ein Dehnungszeichen.

2. Zeichne dir eine Tabelle.

f	k	p	ß	z

Ordne die folgenden Wörter ein:
Laken, Lokal, Straße, Prüfung, Lupe, Luke, Stufe, Paket, Stapel, Tropen, Kapuze, Kruzifix, Hefe, Brezel.

3. Suche noch mehr Wörter für deine Tabelle. Trage auch diese Wörter ein.

Merke Vor **l**, **m**, **n**, **r** kann ein Dehnungs-h stehen. Das muss aber nicht sein.

Wörterliste

Name, Spülung, Gehör, Zone, Kran, Märchen, Krümel, Spule, Flur, Spülbecken, Tor, Spur, Plan, Blume, Samen, Gram, Krone, Ton, Palast, Holunder

4. Hier steht vor l, m, n, r kein Dehnungs-h. Ordne die Wörter in die Tabelle ein.

l nach langem Vokal	m nach langem Vokal	n nach langem Vokal	r nach langem Vokal

Wörterliste

Anfangsbuchstaben weisen darauf hin, dass im Wort nach einem lang gesprochenen Vokal/Umlaut **kein** Dehnungs-h steht.

Schal	Schule	Schnur	Schläger	Schonung
Schädel	Schale	Schrot	Schwefel	Schwäne
Schaf	Schwere	Schere	Schlaf	Bescherung

1. Unterstreiche die Buchstaben, die bestimmen, dass nach dem lang gesprochenen Vokal kein Dehnungs-h geschrieben werden darf.

Merke Nach **sch** steht kein Dehnungs-h, auch wenn der Vokal/Umlaut lang gesprochen wird.

Wörterliste

Qual	Quader	Quote	quaken
quer	bequem	überqueren	quälen

2. Unterstreiche die Buchstaben, die bestimmen, dass nach dem lang gesprochenen Vokal/Umlaut kein Dehnungs-h geschrieben werden darf.

Merke Nach **qu** steht kein Dehnungs-h, auch wenn der Vokal/Umlaut lang gesprochen wird.

Schreibung bei Zwielauten (ei, ai, au, äu, eu)

Ein Elefant marschiert durchs Land
und trampelt durch die Saaten.
Er ist von Laub und Wiesenheu
so groß und kühn geraten.

Es brachen Baum und Gartenzaun
von seinem festen Tritte.
Heut kam er durch das Tulpenfeld
zu mir mit einer Bitte.

Er trug ein weißes Kreidestück
in seinem langen Rüssel
und schrieb damit ans Scheunentor:
„Sie, geht es hier nach Brüssel?“

Ich gab ihm einen Apfel
und zeigte ihm die Autobahn.
Da kann er sich nicht irren
und richtet wenig an.

*Josef Guggenmos**

3. In diesem Gedicht sind 13 Wörter mit einem Zwielaut. Unterstreiche Sie.

4. Schreibe zu jedem Zwielaut zwei Wörter auf. Schaue auch ins Wörterbuch.

ei: ____________________

ai: ____________________

au: ____________________

äu: ____________________

eu: ____________________

5. Suche aus deinem Wörterbuch noch mehr Wörter mit Zwielauten.

Merke Zwielaute werden lang gesprochen.
Nach Zwielauten steht nur selten ein Dehnungszeichen.

* Josef Guggenmos, Was denkt die Maus am Donnerstag, Georg Bitter Verlag, Recklinghausen, 1967.

Missverständnis

Felix ließ sich nie gern drängeln. Er konnte es einfach nicht leiden, wenn er zur Eile getrieben wurde. Je mehr man ihn zu hetzen versuchte, desto langsamer wurde er. Sehr zum Ärger der Betroffenen, blieb er der Sieger.
So erging es eines Tages auch dem Fahrer einer Straßenbahn. Er traute seinen Augen nicht, als er sah, dass Felix seinen Handwagen zwischen den Straßenbahngleisen zog. Zunächst klingelte der Fahrer, aber Felix ließ sich nicht stören und zog seinen Wagen seelenruhig weiter. Schließlich öffnete der Fahrer das Fenster und schrie: „Siehst du nicht die Straßenbahn? Kannst du nicht von den Schienen heruntergehen?" Felix drehte sich um und erwiderte gelassen: „Ich schon, aber Sie nicht!"

1. Unterstreiche in dem Text die Wörter mit dem langen (i).

2. Zeichne unter jedes Wort, das mit einem kurzen (i) geschrieben wird, einen Punkt. Schreibe die Wörter geordnet auf.

kurzes i: ______________________

langes i: ______________________

____

____

3. Unterstreiche die Schreibung des langen i-Lautes. Schreibe den Text als Partnerdiktat.

Merke Das lange (i) kann unterschiedlich geschrieben werden: i ie ih ieh

Wörter mit (ih)

4. Nur wenige Wörter werden mit (ih) geschrieben. Suche aus deinem Wörterbuch die Wörter heraus, die am Wortanfang mit (ih) geschrieben werden.

____

____

Wörter mit (ie) und (ieh)

5. Ergänze die fehlenden Personalformen. Schreibe, wie das Beispiel zeigt.

du ziehst, er zieht – ziehen	du spielst,
du zielst,	du siehst,
du stiehlst,	du siegst,
du empfiehlst,	du fliehst,
du liegst,	du fliegst,

Merke Wird das Verb in der Grundform mit (h) geschrieben, so werden auch alle Personalformen mit (h) geschrieben.

6. Ordne die Verben nach (ie) und (ieh).

ie	ieh

Der lange Griff einer Pfanne: ______________

Ein langer Streifen aus Leder: ______________

Eine lange Zeit ohne Krieg: ______________

Eine Fläche, auf der man schläft: ______________

Eine Fläche, in der man sich selbst sieht: ______________

Langes Metallstück zum Zusperren: ______________

So lange wie nötig davonlaufen: ______________

Etwas schnell aus einem Rohr pressen: ______________

Längere Zeit in der Luft bleiben: ______________

Sein Behagen lange ausdehnen: ______________

Etwas lange ins Auge fassen: ______________

Etwas in die Länge zerren: ______________

1. Trage die Wörter oben richtig ein.

fliehen, Frieden, genießen, Liege, Riegel, Riemen, schießen, Spiegel, Stiel, ziehen, zielen, fliegen

2. Schreibe nun die Wörter untereinander in dein Heft. Schreibe dann verwandte Wörter daneben. Beispiel: der Stiel – Pfannenstiel, Besenstiel …

Merke

Auch hier gilt: Eine Form mit (ie) – alle Formen und verwandte Wörter mit (ie)!
Aber: es gibt – ergiebig

Grundform – Vergangenheitsform

3. Schreibe die Vergangenheitsformen folgender Verben auf:

raten, fallen, lassen, braten, schlafen, steigen, laufen, vermeiden, schreiben, bleiben, verraten, vertreiben, rufen, schweigen

Schreibe so: raten – er riet, er hat geraten

Merke

Mit (ie) schreibt man auch alle Fremdwörter, die auf (ier) oder (ieren) enden.

Wörter mit der Endsilbe (ier) oder (ieren):
der Barbier, das Klavier, das Quartier, das Scharnier

4. Schreibe mit jedem Wort einen Satz.

Etwas vorsprechen und aufschreiben heißt ______________.

Die Buchstaben eines Wortes nennen heißt ______________.

Eine Bombe kann ______________.

Geld kann man ______________.

Wer etwas wissen möchte, der ist ______________.

Ein beschädigtes Auto wird ______________.

Was man rasch aufschreibt, das wird ______________.

Auf der Universität kann man ______________.

Die Wand kann man ______________.

Im Krankenhaus kann man ______________.

Diktat, Interesse, Tapete, Kasse, Studium, Explosion, Notiz, Buchstabe, Operation, Reparatur

5. Leite von den Substantiven der Reihe nach Verben auf -ieren ab und trage sie oben in die passenden Sätze ein.

Wörter, die auf (in) oder (ine) enden

Mine / Pflanzen	~~Kantine~~ / Umkleide	Kanister / ~~Werks~~	Margarine / Wasser	Kabine / Burg	Turbine / Bleistift	Ruine / Benzin
Gardinen / Schaden	Kamin / Konzert	Apfelsinen / Brot	Medizin / Saft	Rosinen / Kehrer	Maschinen / Stange	Violine / Mann

1. Schreibe 14 zusammengesetzte Substantive. Jeweils ein graues und ein violettes Dreieck gehören zusammen. Unterstreiche das Wort mit dem langen (i).

Werkskantine	

Wörter auf -ine und -in

Süßigkeit							
Glasschrank							
Erfahrung, Fertigkeit							
Blume am Wegrand							
Wüstennomade							
Suppenschale							
Weinbeere							
Gesamtheit aller Schiffe							

Fester Zeitpunkt									
Treibstoff									
Edelstein									
Schwimm-vogel									
Schellen-handtrommel									
Zucht, Ordnung									
Offene Feuerstelle									
Tabakgift									

2. Trage die Wörter richtig ein. Sie sind unten nach dem ABC geordnet.
Beduine, Benzin, Disziplin, Kamin, Lupine, Marine, Nikotin, Pinguin, Praline, Rosine, Routine, Rubin, Tamburin, Termin, Terrine, Vitrine

wider im Sinne von gegen

Merke

> Schreibe **wider**, wenn das Wort im Sinne von *gegen* gebraucht wird. Schreibe jedoch **wieder**, wenn das Wort die Bedeutung von *abermals* (= Wiederholung) hat.
> Beispiele: Der Radfahrer musste wider den Wind kämpfen.
> Zum Glück gibt es immer wieder Frühling.

1. Setze wider oder wieder richtig ein. Achte darauf, dass du die Wörter zusammenschreiben musst, bei denen der Strich durchgezogen ist.

Der Junge wurde ____________ seinen Willen in den Kampf verwickelt. Nur sehr ____________willig ging der Lehrling an die Arbeit. Der Lehrer ____________holte seine Frage. Der Schüler er____________te lange nichts. Das baufällige Haus wurde ____________ hergestellt. Dem Vogel wurde die Freiheit ____________gegeben. Nur ____________strebend gehorchte der Hund. Ein Versprechen sollte man nicht ____________rufen. Die Kinder gehorchten ohne ____________rede. So eine günstige Gelegenheit kommt so schnell nicht ____________. Nach langer Krankheit konnte der Vater seine Arbeit ____________ aufnehmen.

2. Schreibe mit folgenden Wörtern Sätze:

> Widerspruch, Widerhaken, Widerschein, Erwiderung, Widersacher, Widerstand, anwidern, erwidern, widerlich, widerrufen, widersetzen, widerhallen

Suche die Wörter im Lexikon, deren Bedeutung du nicht kennst.

Der Silberschatz

In der Zeitung konnte man einen Bericht mit folgender Überschrift lesen:
Das **w____________spenstige Meer** und der Silberschatz.
Der Bericht **erinnerte w____________ daran**, dass im Jahre 1733 der spanischen Silberflotte ein entsetzliches **Unglück w____________fahren** war. **In einem w____________wärtigen Sturm** waren sämtliche 17 Schiffe mit Mann und Maus und der Silberladung gesunken. In den letzten Monaten hatten vier amerikanische Taucher vor der Küste Floridas **immer w____________ versucht**, den berühmten Schatz zu finden. **W____________ und w____________** setzten sie ihr Leben aufs Spiel. Aber das **Meer w____________setzte** sich den **w____________holten Versuchen** der Taucher und wollte das Eroberte nicht **w____________ herausgeben**. Nun ist es den **w____________holten Versuchen** der Taucher endlich geglückt, einen Teil des Schatzes zu heben. Ungefähr 400 Silbermünzen, von denen jede einen hohen Sammlerwert hat, sind **w____________ ans Tageslicht** gebracht worden. So hat man in unermüdlicher Arbeit dem **w____________strebenden Meer** ein Stück Beute entrissen. **Wann** wird wohl **w____________ einmal** ein Teil des sagenhaften Schatzes gehoben werden? **Immer w____________** scheitert der Mensch **am W____________stand der Natur**.

3. Trage **wider** (Wider) und **wieder** richtig in den Lückentext ein.

4. Schreibe die typischen Ausdrücke, die **fett gedruckt** sind, auf und ordne sie in zwei Gruppen. Achte darauf, dass du die Wörter zusammenschreiben musst, bei denen der Strich durchgezogen ist.

ie	i

Das Einmannorchester

Der dumme August läuft allein mitten ______ die Zirkusarena. Fröhliches Gelächter überschüttet ______, weil er so dasteht und mit einem schüchternen Lächeln ______ geschminkten Gesicht umherblickt. Vor ______ steht ein riesengroßer Koffer. Nun packt ______ die Neugier und er hebt den Deckel hoch. Was entdeckt er ______ Koffer? Der Mund bleibt ______ offen vor Entzücken. Er greift ______ den Koffer und hält ein Band mit Glöckchen daran ______ seinen Händen. Er schüttelt es und man sieht, wie ______ das Geklingel gefällt. Er bindet es ______ Nu um sein Handgelenk. Er greift wieder ______ den Koffer und hält begeistert noch andere Schellenbänder ______ die Höhe. Zwei bindet er um die Fußgelenke, eines knüpft er um die Stirn und das größte baumelt ______ am Halse. Als er sich vor Lachen schüttelt, bimmeln die Glöckchen ______ Takt dazu. Nun zieht es ______ wieder zu dem Koffer. Er greift hinein und bindet sich ______ nächsten Augenblick eine kleine Pauke hinten ans Bein und den Schlägel an den Fuß. Es gelingt ______ beim Gehen die Pauke zu schlagen. Ein Instrument nach dem anderen entnimmt er dem Koffer und bindet jedes ______ strahlender Laune irgendwo an seinem Körper fest. Schaut ______ an, wie er rüttelnd und schüttelnd all die Instrumente spielt! Ein ganzes Orchester ertönt, aber es gibt nur ______, den kleinen dummen August! Mit glücklichem Lächeln bewegt er sich ______ der Arena und marschiert ______ Kreise herum. Die Klänge seiner Instrumente umgeben ______. Als er schließlich hinter dem Vorhang verschwindet, folgt ______ brausender Beifall.

1. Trage im – ihm, in – ihn in die Lücken ein.

Merke

ihm und ihn stehen für ein Substantiv. Sie sind Stellvertreter und werden Personalpronomen (persönliche Fürwörter) genannt.
Sprechweise langes **i** – Schreibweise mit Dehnungs-h
im (in dem) und in: Sprechweise kurzes **i** – Schreibweise nur **i**

Ausdrücke, in denen in oder im vorkommen

______ Handumdrehen
______ großen Sätzen
______ Stich lassen
______ Sack und Asche gehen
______ Trüben fischen
______ Großen und Ganzen

______ Dunkeln tappen
______ Saus und Braus leben
______ kalten Winternächten
______ ersten Rang sitzen
______ Nachdenken versinken
______ Kürze

2. Trage **in** und **im** richtig ein.

3. Ordne die Ausdrücke in zwei Gruppen.
Schreibe mit jedem Ausdruck einen Satz.

in	im

Merke

Manchmal hängen wir an das **k**, an das **ck** oder das **g** noch ein **s** an. Dann klingt das Wort so, als wenn ein x da wäre. Du darfst diese Wörter nicht mit den Wörtern verwechseln, die mit **x** oder **chs** geschrieben werden.

– gs, ks und cks lassen sich ableiten –

rings	hacken	rings, Ringe
flugs	kleckern	
allerdings	Ringe	
links	knicken	
Klecks, klecksen	die Länge	
Knicks	schon lange	
Häcksel	Dinge	
stracks	linke	
längs der Straße	strecken	
schon längst	fliegen	
wenigstens	weniger	

1. Verbinde die Wörter, die miteinander verwandt sind.
Schreibe jeweils die beiden verwandten Wörter nebeneinander.

vormittags	Wochentage	
mittags	Ahnungen	
nachmittags	Vormittage	
wochentags	Sonntage	
sonntags	Nachmittage	
ahnungslos	Mittage	

2. Verbinde die beiden verwandten Wörter miteinander.
Schreibe jeweils die beiden verwandten Wörter nebeneinander.

3. Setze die fehlenden Wörter aus den beiden Wortgruppen in die Sätze ein.

Satzlücken

Die Pferde fressen gern ________. Ich habe die Geschichte schon ________ vergessen. Mutter schimpft: „Musst du denn immer mit dem Füller ________?“ Wir sind ________ in der Schule. Bei uns gibt es ________ häufig Kaffee und Kuchen. Die Bahngleise verlaufen ________ der Straße. Die Maus tappte ________ in die Falle.

Wörter mit x-Lauten

1. Mittags steht die Sonne am höchsten.
2. Schau links, schau rechts, geh geradeaus!
3. Mach keinen Klecks in dein Heft!
4. Kleine Mädchen grüßten früher mit einem Knicks.
5. Der Bauer füttert die Pferde mit Hafer und Häcksel.
6. Der Hund gehorcht blindlings seinem Herrn.
7. Wir heizen unseren Ofen mit Koks.
8. Der Reiter stürzt rücklings vom Pferd.
9. Zum Tee schmecken feine Kekse gut.

1. Unterstreiche die Wörter mit den Buchstabenverbindungen **cks**, **ks** und **gs**. Trage diese Wörter in die Tabelle ein.

cks	ks	gs

Verben verändern sich

fragen	ich frage	du fragst	er fragt
klecksen			
sagen			
denken			
necken			
jagen			
schenken			

2. Trage die fehlenden Personalformen ein.

Merke In den Wörtern bleiben die Laute **g**, **k**, **ck** erhalten.

Zusammengesetzte Substantive

①	②
Wohnung	– Steg
Zeitung	– Schlüssel
Mittag	– Zeit
Landung	– Ständer
Anfang	– Rohr
Leitung	– Geschenk
Übung	– Heft
Geburtstag	– Ruhe

Wohnungsschlüssel

3. Schreibe zusammengesetzte Substantive, wie das Beispiel zeigt. Denke an das Verbindungs-s. Bilde mit den Wörtern der ersten Gruppe weitere zusammengesetzte Substantive.

Merke Die Schreibweise der Wörter mit (chs) und (x) muss man sich einprägen.

Wörter mit chs

das Gewächs	das Wachs	die Achse
die Achsel	die Büchse	die Wichse
die Deichsel	der Flachs	der Fuchs
die Ochsen	die Sachsen	der Wechsel
der Lachs	der Dachs	der Drechsler

das Haus	das Geld	die Leiter
das Garn	der Bau	der Wagen
das Zucken	der Schuh	das Rad
der Karren	das Tuch	das Blech
die Arbeit	das Land	der Schwanz

1. Setze je ein Wort aus dem einen Kasten mit einem Wort aus dem anderen Kasten zusammen.

das Gewächshaus ____________ ____________

Wörter mit x

die Axt, der Text, die Nixe, der Boxer, das Examen, das Lexikon, der Mixer, die Hexen, das Taxi

das Tier, der Hieb, der Fahrer, die Arbeit, das Buch, der Tanzplatz, die Bar, der Handschuh, das Wasser

2. Setze je ein Wort aus dem einen Kasten mit einem Wort aus dem anderen Kasten zusammen.

Personalformen

mixen	ich mixe	du mixt	er mixt
wachsen			
boxen			
explodieren			
wechseln			

3. Ergänze die fehlenden Personalformen.

Merke Die Buchstaben (x) und (chs) bleiben in den verschiedenen Personalformen erhalten.

Im Naturpark Wilsede

Im Naturpark Wilsede, dort wo sich Fuchs und Dachs manchmal überraschend begegnen können und fix voreinander das Weite suchen, ist die Heidelandschaft noch gut erhalten. Auch der Luchs soll schon mal gesehen worden sein. Das Gestrüpp kann wie die Knicks in Holstein noch ungehindert wachsen und bietet Schutz für viele Tiere. Die Heide wird durch die Heidschnucken, die unterwegs überall angetroffen werden können, schön kurz und kräftig gehalten.
Bei großer Hitze kann man auf den Feldsteinen Eidechsen beobachten, die bei ihren Revierkämpfen stracks aufeinander zustreben und hart zusammenprallen, so als wollten sie mit ihren Körpern boxen. Manchmal wird eine dabei um ihre eigene Achse gewirbelt und flugs ist sie weg wie nichts.
Lachse kann man in den klaren Heidebächen nicht fangen, aber flinke Forellen und geruhsame Karpfen lassen sich in den vielen Fischteichen mit einem Stück Keks anlocken, wobei sich an der Wasseroberfläche wie durch Hexerei wirbelnde Kreise und Kleckse bilden.

1. Kreise die Wörter mit (cks), (ks), (gs), (chs) und (x) ein
und ordne sie in die Tabelle ein.

chs	chs	cks	x
	gs		
		ks	

Examensnöte

Feli____ war fi____ und fertig. Er fuhr mit einem Ta____i zum E____amen. Er musste einen Te____t übersetzen. Dabei durfte er ein Le____ikon benutzen. Es lag lin____ neben ihm. Allerdin____ fehlte ihm die Zeit zum häufigen Nachschlagen. Er war sehr aufgeregt und län____t nicht mehr so sicher, dass ihm eine e____akte Übersetzung gelingen würde. Er schrieb se____ Seiten. Als er seine Arbeit fast beendet hatte, war es wie verhe____t, denn da kle____te noch sein Füller. Flu____ we____elte er das Blatt und schrieb die letzte Seite noch einmal.

2. Setze die fehlenden Konsonanten – x, gs, chs, cks, ks – ein.

3. Lass dir den Text von deinem Partner diktieren.

1. In jeder Sprechblase findest du ein Wort mit einer Vorsilbe, die zwar gleich klingt, jedoch unterschiedlich geschrieben wird.
Schreibe diese beiden Wörter auf: ______________________ ______________________

Merke

Die Vorsilbe **end-** ist betont.
Sie kommt vom Wort Ende und wird deshalb mit **d** geschrieben.
Wörter mit der Vorsilbe end- haben immer etwas mit *Schluss* (Ende) zu tun.

Die Vorsilbe **ent-** ist nicht betont.
Sie hat nichts mit dem Ende zu tun.
Die Wörter mit **ent-** haben oft etwas mit *weg* zu tun. Oft bewirkt die Vorsilbe ent- auch das Gegenteil des mit ihm verbundenen Verbs (z. B. entwurzeln).

Wörter mit der Vorsilbe end- gibt es nicht viele. Du kannst sie dir merken:

endlich, unendlich, endgültig, endlos

2. Wörter, die großgeschrieben werden, lassen sich ableiten.
Trage die Wörter in die Tabelle ein.

end-	End-	
	das Ziel – das Endziel	die Silbe –
	das Spiel –	die Summe –
	der Kampf –	das Ergebnis –
	der Spurt –	die Runde –

Hier fehlt ein Buchstabe.

3. Schreibe die fehlenden Buchstaben in die Lücke.

4. Schreibe mit diesen Satzteilen ganze Sätze.

1. ein en___loser Weg
2. eine en___gültige Entscheidung
3. ein unen___lich langer Winter
4. das En___ziel nicht aus den Augen verlieren
5. zum En___kampf antreten
6. die En___losigkeit der Wüste erleben
7. die En___silbe eines Wortes verschlucken
8. mit aller Kraft zum En___spurt ansetzen

Wörter mit der Vorsilbe ent- (Ent-)

1. Trage die Vorsilbe ent- oder Ent- ein.

______werfen, ______gleisen, ______mutigung, ______gleisung, sich ______schließen, ______schuldigung, ______schluss, sich ______schuldigen, sich ______fernen, ______hüllen, ______fernung, ______decken, ______täuschen, ______deckung, ______scheidung, ______täuschung, ______hüllung, sich ______scheiden, ______wurf, ______mutigen

2. Jeweils ein Verb und ein Substantiv sind miteinander verwandt.
Schreibe das Verb und das verwandte Substantiv nebeneinander in eine Reihe.

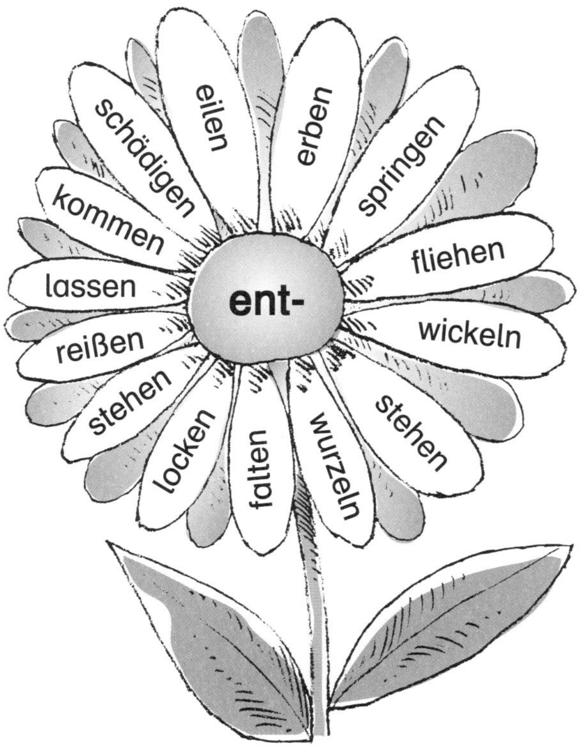

______
______
______
______
______
______
______
______
______
______
______
______
______

3. Schreibe die Verben auf den Blütenblättern mit der Vorsilbe **ent-** in die Zeilen.

4. Schreibe mit jedem Wort einen Satz.

Lückentext

1. ein ______flohener Gefangener
2. ein ______gleister Zug
3. ein un______schiedener Kampf
4. eine ______mutigende Nachricht
5. jemandem ein Geheimnis ______locken
6. einer Gefahr ______rinnen
7. eine ______täuschung bereiten
8. eine unangenehme ______deckung machen
9. eine höfliche ______schuldigung schreiben
10. eine ______scheidung hinauszögern

5. Setze die fehlende Vorsilbe ein. Schreibe mit diesen Satzteilen Sätze.

Dornröschen erwacht

Die Klasse 6 hatte sich _______gültig dazu _______schlossen, ein Theaterstück zu _______werfen und so lange daran zu arbeiten, bis man es auch aufführen konnte. Die Schüler hatten sich _______lich geeinigt, das Märchen „Dornröschen“ als Vorlage zu nehmen; denn man hatte _______deckt, dass sich bei diesem Märchen viele Möglichkeiten der _______faltung boten. Mit viel Fantasie wurde die Handlung _______wickelt, wurden Kostüme _______worfen und angefertigt und Bühnenbilder gemalt. Die _______losen Proben waren zwar ermüdend, aber das _______ergebnis stellte die Teilnehmer zufrieden.

Die Aufführung verlief gut. Doch dann geschah es! Soeben hatte der Prinz die _______zückende Prinzessin wachgeküsst und alle vor 100 Jahren unterbrochenen Tätigkeiten wurden fortgesetzt. Die Mühle drehte sich wieder, die Hühner gackerten wieder und die Tauben gurrten wieder. Doch als der Koch dem Küchenjungen gerade die seit 100 Jahren fällige Ohrfeige geben wollte, da _______schlüpften diesem laut und vernehmlich die Worte: „Nicht so kräftig wie gestern bei der Generalprobe, sonst schlag ich zurück!“

1. Entscheide dich mithilfe der Regeln für ent- (Ent-) oder end- (End-). Trage die fehlenden Vorsilben ein.
2. Diktiert euch den Text abschnittweise.

Stadtmeisterschaften

Bei den diesjährigen Stadtmeisterschaften im Schwimmen mit den Jungen aus Klasse 5 und 6 konnte unsere Schule nur vier Schüler in die _______runde bringen. Der _______schluss mit einer kleinen _______auswahl anzutreten hat sich letzt_______lich nicht ausgezahlt. Im Brustschwimmen konnte unser Teilnehmer seinen Konkurrenten im _______spurt noch _______kommen, aber beim _______lauf im Kraulen _______täuschte unser einziger Teilnehmer. Das Gleiche galt auch für das Rückenschwimmen. Hier _______fachte die großartige Vorrundenleistung unseres Teilnehmers zwar kurzlebige Hoffnungen, aber kurz vor dem _______ziel mussten wir unsere Hoffnung _______gültig begraben. Allein beim Freistilschwimmen fiel die _______scheidung zugunsten unseres Teilnehmers aus, sodass wir in der _______abrechnung doch einen ersten Platz verbuchen konnten.

3. Entscheide dich mithilfe der Regeln für ent- (Ent-) oder end- (End-). Trage die fehlenden Vorsilben ein.
4. Ordne alle Wörter mit der Vorsilbe ent- oder end- aus beiden Texten in eine Tabelle ein. Schreibe so:

ent	end
entschlossen	endgültig

Lückentext

1. Beim ______spurt ______täuschten die jugendlichen Läufer.
2. Der Gesetz______wurf brachte für die kinderreichen Familien wesentliche Verbesserungen.
3. Die ______zündung geht hoffentlich bald zurück.
4. Die wöchentliche Abrechnung ______fiel diesmal.
5. Das Sommerfest wurde mit einem abendlichen Platzkonzert be______et.
6. Die eigentliche ______scheidung fiel schon in der Vorrunde.

1. Ergänze die fehlenden Silben im Text (ent – Ent oder end – End).
Schreibe die unterstrichenen Wörter heraus.
Kreise die Vorsilben (ent) und (end) bei diesen Wörtern ein.

____

____

Merke

Schreibe vor der Silbe -lich nur dann **d**, wenn das Grundwort ein **d** hat: Beispiel: Abend – abendlich	Schreibe vor der Silbe -lich immer **t**, wenn das Grundwort kein **d** hat (t ist dann Gleitlaut). Beispiel: flehen – flehentlich

Mittelwort der Gegenwart (Partizip Präsens)

Merke

end steht häufig am Ende des Mittelwortes der Gegenwart (Partizip Präsens)

brennen	– brennend	tönen	– ______
heulen	– ______	toben	– ______
klingen	– ______	glänzen	– ______
krachen	– ______	leuchten	– ______
qualmen	– ______	wüten	– ______

end, ent

①	②	③	④
hoffentlich	entkommen	unendlich	hervorragend
entladen	jugendlich	entlassen	enthüllen
Endstation	ermutigend	Endrunde	endlos
schallend	endgültig	reizend	öffentlich
entfachen	entzückend	fließend	entgleisen
eigentlich	Endspurt	Endsumme	abendlich

2. In diesen Wortgruppen findest du alle Schreibweisen mit (ent) und (end).
Zeichne dir eine Tabelle, wie unten angegeben. Ordne die Wörter in die Tabelle ein.

(end) von Ende / als Vorsilbe	(end) beim Mittelwort (Partizip)	(ent) als Vorsilbe	(ent) oder (end) vor -lich

Wortzusammensetzungen

Merke Schreibe die Silbe tod-, wenn das Grundwort ein Adjektiv ist.

1. Schreibe so: todblass, ______________________

____

____

krank, sicher, ernst, langweilig, traurig, unglücklich, bleich, wund, müde

Merke Schreibe die Silbe tot-, wenn das Grundwort ein Verb ist.

2. Schreibe so: totschlagen, ______________________

____

____

schießen, arbeiten, beißen, laufen, stechen, fahren, lachen, treten, schweigen

Eine tödliche Niederlage?

Im Bus war es ________langweilig. Auf der Hinfahrt waren die Fußballspieler fröhlich und hatten sich fast ________gelacht über die Witze des Busfahrers, die er mit ________ernstem Gesicht erzählte. Sie glaubten, dass ihnen der Sieg ________sicher sei. Das Spiel war zunächst auch gut gelaufen. Aber in der zweiten Halbzeit hatten sie sich an der gegnerischen Verteidigung einfach ________gelaufen. Nun saßen alle ________traurig auf ihren Plätzen und waren ________müde. Der Trainer fühlte sich ________unglücklich. Dabei hatten sich seine Spieler fast ________gelaufen. Am besten war es dieses Spiel ________zuschweigen. Sie hatten ja noch viele Spielsonntage vor sich.

3. Trage die fehlenden Silben (tod oder tot) ein.

Tod: der Tod

Schreibe so: der Todestag, ______________________

____

Jahr, Anzeige, Angst, Nachricht, Stoß, Urteil, Gefahr, Not, Nacht, Stunde, Kampf

tot: tot sein

Schreibe so: dieTotenklage, ______________________

____

Feier, Tanz, Maske, Sonntag, Gräber, Kopf, Acker, Bett, Bahre

Molchlarven

Die Molchlarven sind Jäger. Sie erbeuten Wasserflöhe, Stechmückenlarven und Würmchen. Selbst werden sie von Fischen, Wasserfröschen, erwachsenen Molchen und Gelbrandkäfern gefressen. Im Spätsommer bilden sie Kiemen und Flossensaum zurück und kriechen an Land. Bergmolchlarven überwintern als Wassertiere, wenn der kurze Sommer im Gebirge für eine vollständige Umwandlung nicht ausreicht. In einigen Gebieten werden solche Larven geschlechtsreif und können sich fortpflanzen, ohne sich vorher in landlebende Molche umgewandelt zu haben.

1. Schreibe die unterstrichenen Wörter, in denen du f-Laute hörst, heraus.
Lies diese Wörter laut und deutlich. Was stellst du fest?

Hier lässt uns die Aussprache im Stich, denn beim Sprechen ist kein Unterschied festzustellen zwischen den f-Lauten.

2. Lass dir den Text von deinem Partner diktieren.

Wörter mit f-Lauten: Faser, Phase, Pharao, Harfe, Larve, Ferse, Verse, brav, traf, Veilchen, Feile, aktiv, tief, Physik, Fabrik

3. Welche Schreibweise für den f-Laut kannst du feststellen?
Ordne die Wörter.

Schreibweise f		
	Schreibweise v	Schreibweise ph

4. Du kannst mit den folgenden Wörtern acht zusammengesetzte Substantive bilden.
Schreibe sie auf.

Faser, Vogel, Pulver, Vieh, Veilchen, Flug, Vettern, Käfer, Verkehr, Wirtschaft, Larve, Duft, Hof, Fass, Käfig, Stift

Nur Fremdwörter haben ph, einige können wir auch mit f schreiben

Stenogra____ie, ____otogra____ie, ____iloso____ie, Gra____it,

Gra____ik, Tele____on, Mikro____on, Grammo____on, Saxo____on,

____ase, Al____abet, ____ysik, As____alt, Mega____on, ____antasie

1. Trage ph (Ph) oder f (F) in die Lücken ein.
   Erkläre mithilfe des Lexikons die Wortbedeutungen.
2. Schreibe die Wörter heraus, die nur mit ph geschrieben werden.

Merke

Einige Fremdwörter werden heute auch mit **f** geschrieben.
Telefon, Fotografie, Grafit, Stenografie, Telegraf, Grafik, Fantasie, Mikrofon, Grammofon, Megafon

Wörter mit v

Revolver, Volk, Kurve, Sklave, Vanille, Vogel, Vater, Vieh, Klavier, Veilchen, Verrat, Olive, Violine, Vetter, Lava, Verbot, Vers, Nerv, Ventil

3. Ordne die Wörter in die Tabelle ein.

V – wie **f** gesprochen	V – wie **w** gesprochen

F oder V oder Ph (f oder v oder ph)?

1. eine bra____e Kinderschar
2. ein schie____er Turm
3. ein san____ter Abhang
4. eine kur____enreiche Straße
5. viel ____antasie
6. einen ____ers auswendig lernen
7. einen langen Brie____ schreiben
8. den Hamsterkä____ig putzen
9. dem Gesang des ____ogels zuhören
10. eine tie____e Schlucht
11. ____ünfzig Murmeln
12. ____ierzig Nüsse
13. eine üppige ____egetation
14. das Saxo____on spielen
15. die No____emberstürme toben
16. eine Konser____endose öffnen

4. Trage die fehlenden Buchstaben ein.
5. Schreibe mit jedem Satzteil einen vollständigen Satz.

Wörter mit pf

PFAD PFLANZEN PFERD PFOTE PFUSCHEN PFLASTERN
PFAHL PFLEGEN PFAND PFANNE PFLÜCKEN PFLÜGEN

1. Schreibe die Wörter auf. Achte auf die Groß- und Kleinschreibung.
Ordne die Wörter nach Substantiven und Verben.
Denke bei den Substantiven an den Artikel.

Substantive mit **Pf**	Verben mit **pf**

2. Suche aus dem Wörterbuch weitere Wörter heraus, die mit Pf (pf) beginnen und schreibe sie auf.

Merke

Nach dem Konsonanten **m** schreibe immer **pf** (Dampf).

Nach dem Konsonanten **n** schreibe immer **f** (Vernunft).

Dam____	Vernun____t	san____t	Kar____en	Sum____
Kam____	Zukun____t	Ko____	Ho____en	Strum____
sto____en	vernün____tig	ru____en	Ankun____t	Trum____
klo____en	zukün____tig	schla____en	Brun____t	Rum____
käm____en	Kram____	kau____en	Schu____t	dum____

3. Setze f oder pf richtig ein.

Unterscheide genau

Der Schüler lernt drei ____erse des Liedes. Der Schuh drückt an der ____erse.
Der Junge gab den ____und ab. Das Mädchen kauft ein ____und Zucker. Mutter schnitt den ____aden ab. Der Jäger zog auf einsamen ____aden durch das Gebirge. Die Kamera hielt den ____lug des Vogels fest. Der Bauer zieht mit dem ____lug über den Acker.
Im Moos blühen ____eilchen. Der Schlosser glättet das Eisen mit einer ____eile.
Klaus traf mit allen ____eilen ins Schwarze. Die Kutsche wird von einem ____erd gezogen. Vater ____ährt das Auto in die Garage. Bei dem Ratespiel muss man ein ____and abgeben. Beim Aufräumen ____and Klaus seinen Teddy wieder.

4. Ergänze f, pf oder v.

Rösselsprung

1. „Wandere“ von einer umrandeten Vorsilbe aus jeweils zwei Felder nach oben oder unten und ein Feld nach links oder rechts. So findest du passende Wortteile und kannst dann mit jeder Vorsilbe vier Wörter bilden. Pass gut auf.
Es entstehen Verben und Substantive. Schreibe alle 16 Wörter in die Tabelle.

schlafen		brennen	stopfen		mond
	ver			voll	
strafe		sagen	setzung		während
such		stoß	treffer		dampf
	vor			fort	
läufig		wurf	laufen		bewegen

VER	VOR	VOLL	FORT

Merke Die Vorsilben **ver**, **vor**, und **voll** schreibt man immer mit **v**.

Überlege jedes Mal, ob es sich um die Vorsilbe (ver) handelt

1. einen Brief ___ertig schreiben
2. einen Fehler sorgfältig ___erbessern
3. die Aufgaben ___ergessen
4. mit der Arbeit ___ertig werden
5. Wörter ___erwechseln
6. einen Rekord ___ersuchen
7. einen Aufsatz an___ertigen
8. weit ent___ernt wohnen
9. durch ein ___ernrohr schauen
10. eine sorgfältige Arbeit ___erlangen

2. Trage **f** oder **v** richtig ein.

Alles nimmt einmal ein Ende

Das Auto ist ___ertig beladen und die Familie steigt zur Heimfahrt ins Auto. Schon ___erschwindet das schöne ___eriendorf hinter dem Berg. Im Tal unten ist plötzlich ein dichter ___erkehr. Von nah und ___ern fahren die Leute aus den Sommer___erien nach Hause zurück. An einer Kreuzung ___erlässt der Vater die ___erstopfte Hauptstraße, um auf ruhigeren Nebenstraßen heimzufahren. Klaus betrachtet durch das ___ernrohr die sich immer weiter ent___ernenden Berge. Bettina und Peter ___ersuchen zu schlafen. Mutter achtet auf die ___erkehrsschilder, damit sich Vater nicht ___erfährt.

3. Trage **f** oder **v** richtig ein.

4. Lass dir den Text von deinem Partner diktieren.
Suche aus einem Text in deinem Lesebuch alle Wörter mit den Vorsilben **ver**, **vor** und **voll** heraus.

Hier wird immer t gesprochen

Merke | **dt** schreibt man nur in wenigen Wörtern

Stadt (Siedlung)

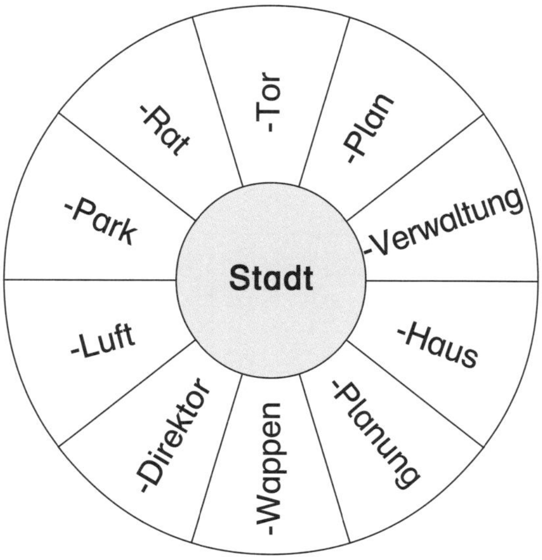

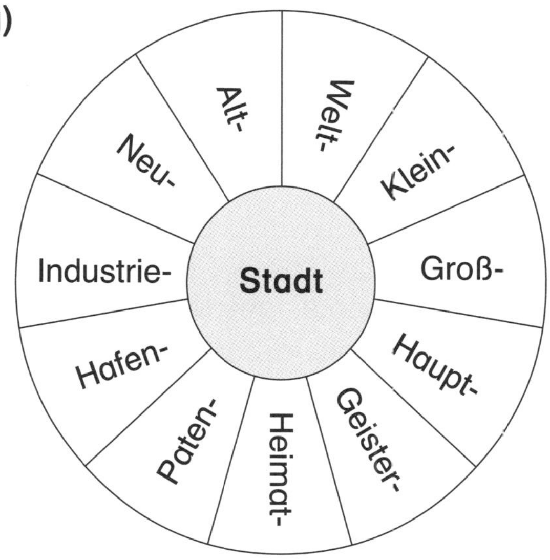

1. Schreibe die Wörter, die mit (Stadt) zusammengesetzt sind.
Die Wörter des ersten Rades haben (Stadt) im Wortanfang.
Die Wörter des zweiten Rades haben (Stadt) am Wortende.

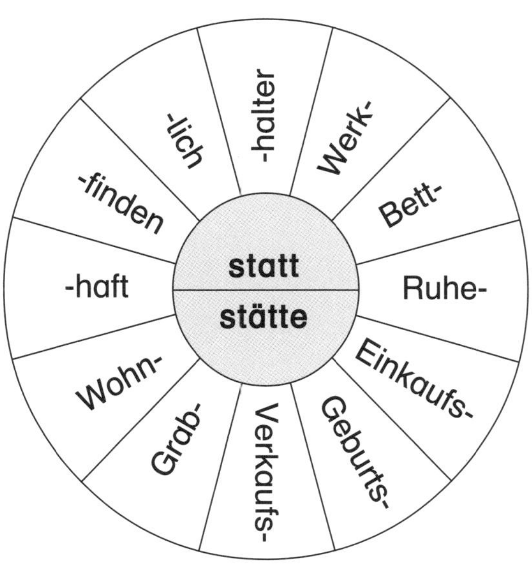

Statt – Stätte (Platz)

2. Schreibe Wörter, die mit **statt** (**Statt**) und **stätte** zusammengesetzt sind. Achtung! Es entstehen Verben, Adjektive und Substantive.

Testdiktat

3. Die Städter standen vor ihrem Stadthaus. Sie schauten gebannt auf einen stattlichen, noch jugendlichen Mann. Es war der neue Statthalter, den der Kaiser gesandt hatte.

Wortfamilie senden	Wortfamilie wenden

sandte, wandte, gesandt, gewandt, Gewandtheit, Gesandter, Gesandtschaft, der Versand, Bewandtnis, verwandt, Verwandter, Verwandtschaft, unverwandt, der Abgesandte, blutsverwandt, redegewandt

1. Ordne die Wörter in dem Kasten den beiden Wortfamilien zu.
Achte auf die Schreibweise von **dt**.

Lückentexte

1. Er hat in unserer Stadt weder Bekann___e noch Verwan___e.
2. Neulich konnte ich die Bekann___schaft eines Gesan___en machen.
3. Mit diesem Haus hat es seine besondere Bewan___nis.
4. Da wan___e er sich traurig ab.
5. In diesem Monat versan___en wir 30 Pakete.
6. Er kümmerte sich nicht um die Verwan___schaft.
7. Er zeigte sich in der Wahlveranstaltung sehr redegewan___.
8. Sie starrte unverwan___ auf die Schlagzeile in der Zeitung.

2. Vervollständige den Text.
Lass dir die Sätze von deinem Partner diktieren.

Hier musst du unterscheiden

Gewand	– gewandt	Versand	– versandt
Beredsamkeit	– beredt	er lud auf	– er lädt auf
Verwandte	– Bekannte	Vorwand	– verwandt

3. Achte auf den t-Laut.
Suche zu jedem Wort wenigstens drei verwandte Wörter.

Quäle nie ein Tier zum Scherz

Fritz mochte Katzen nicht leiden. Es reizte ihn, wenn sie in der Sonne lagen und faulenzten. Wenn sie sich aufreizend langsam erhoben, sich streckten und spreizten, dann konnte er sich nicht beherrschen. Er musste sie ärgern.

Eines Tages, als er mitten auf einem leeren Platz eine Katze sah, die sich genüsslich putzte, hetzte er einen Hund auf sie. Die Katze wollte sich in Sicherheit bringen und suchte eine Erhöhung. Aber außer Fritz war weit und breit nichts zu finden. In ihrer Not sprang sie in großen Sätzen auf ihn zu, kletterte blitzartig an ihm hoch und krallte sich in seinen Haaren fest, während der Hund sie zu erreichen versuchte. Fritz wollte die Katze abschütteln. Sie aber setzte sich zur Wehr und zerkratzte ihm mit ihren scharfen Krallen das ganze Gesicht. Zuletzt wälzte er sich ächzend am Boden, um so Hund und Katze loszuwerden. Sein Herz blieb fast stehen vor Angst. Seit dieser schmerzlichen Erfahrung macht Fritz um alles einen Bogen, was einer Katze nur ähnlich sieht.

1. Schreibe die Wörter mit **tz** und die Wörter mit **z** auf. (Jedes Wort nur einmal!)
(tz) oder (z) sollen bei diesen Wörtern im Wortinnern stehen.

tz	z

2. Schreibe den Text als Partnerdiktat.

Merke

Zwischen zwei kurzen Vokalen – auch nach kurzem Umlaut – steht ein doppelter Konsonant. Statt **zz** steht jedoch **tz**. Fremdwörter bilden eine Ausnahme.

Buchstabenrätsel

Musikart										
Produkt aus Getreide	1									
Entwurf						2				
Fahndung der Polizei			6							
Anhäufung von Kostbarkeiten	3									
12 Stück					4					
Bettpolster			5							
Zwischenspiel				7						

3. Trage folgende Wörter in das Buchstabenrätsel ein:

Intermezzo Dutzend
Skizze Grütze
Jazz Schatz
Razzia Matratze

Lösungswort:
(Wort für Verordnungen)

1	2	3	4	5	6	7

4. Trage die Buchstaben in der bezeichneten Reihenfolge ein.

Wörter mit tz

1. Auf den Blütenblättern stehen Buchstaben, die zu Wörtern kombiniert werden sollen.
Beginne mit einem beliebigen Buchstaben des äußeren Blütenringes.
Suche aus den nächsten Ringen passende Buchstaben dazu.
Die Blütenmitte schließt das Wort ab.
Schreibe die Wörter auf. Wer hat die meisten Wörter gefunden?

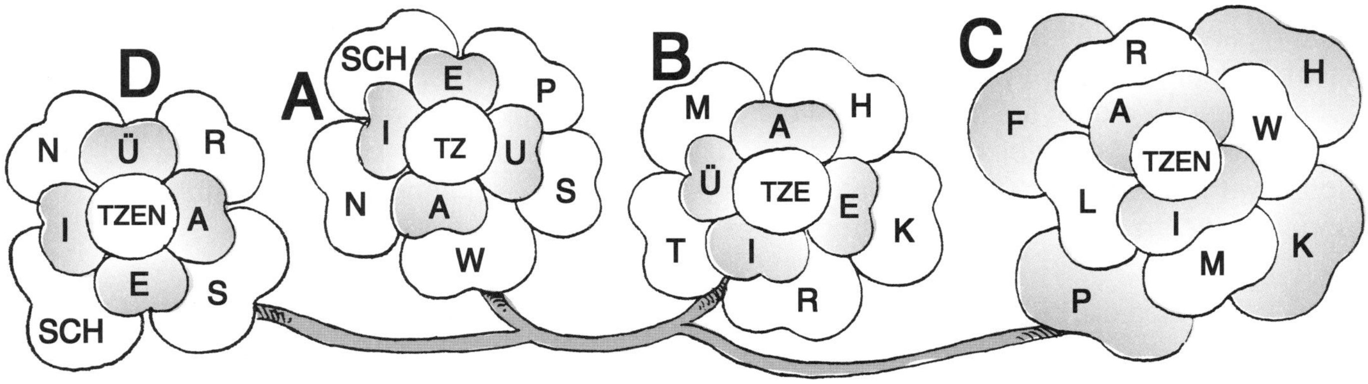

A: TZ	B: TZE	C: TZEN	D: TZEN

Du solltest wenigstens so viele Wörter finden, wie Linien vorgegeben sind.
Wenn du mehr Wörter findest, dann schreibe sie in dein Heft.

2. Tausche die eingekreisten Buchstaben gegen (lz) oder (nz) oder (rz) aus.
Schreibe die neuen Wörter auf.

He (md) ______	Gewü (rm) ______	Wa (nn) e ______
sa (ft) ig ______	Sche (lm) ______	Wa (tt) e ______
Kra (ft) ______	Pe (st) ______	Sto (ck) ______
Ta (nk) ______	Mü (ck) e ______	Le (ck) ______
Ho (se) ______	Ke (tt) e ______	Sü (nd) e ______

3. Ordne die Wörter in drei Gruppen.
Ordne so: fünf Wörter mit **lz**, fünf Wörter mit **nz**, fünf Wörter mit **rz**.

Merke | Nach l, n, r, das merke ja, steht nie **tz** und nie **ck**!

Wörter mit ck

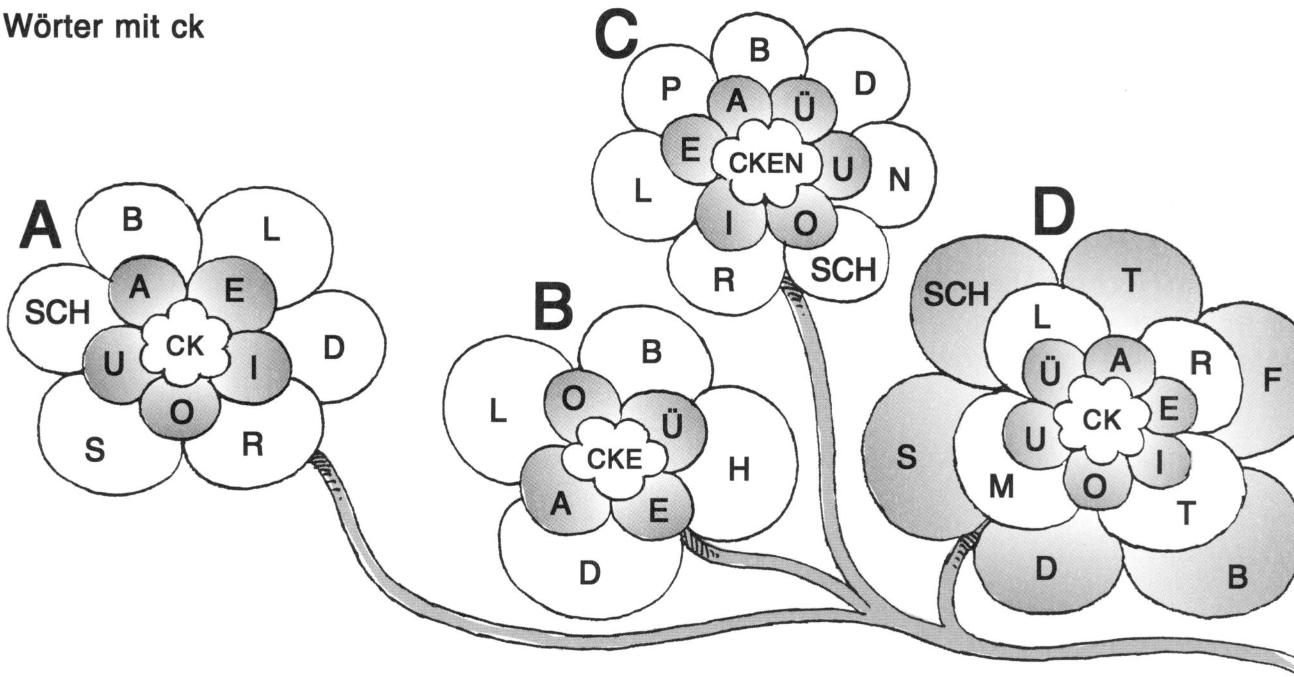

1\. Auf den Blütenblättern stehen Buchstaben, die zu Wörtern kombiniert werden sollen. Beginne mit einem beliebigen Buchstaben des äußeren Blütenringes. Suche aus den nächsten Ringen passende Buchstaben dazu. Die Blütenmitte schließt das Wort ab.
Schreibe die Wörter auf. Wer hat die meisten Wörter gefunden?

2\. Tausche die eingekreisten Buchstaben gegen (lk) oder (nk) oder (rk) aus.
Schreibe die neuen Wörter auf.

A(ck)er	______	Da(mm)	______	Wi(ck)el	______
Wo(ll)e	______	Ka(mm)	______	Fa(ll)e	______
Ko(pf)	______	Ma(st)	______	Ha(ck)e	______
We(in)	______	Bu(tt)er	______	Ba(rr)en	______
Gu(rt)e	______	Mo(rd)e	______	Ba(ll)	______

3\. Ordne die Wörter in drei Gruppen.

Wörter mit (lk)	Wörter mit (nk)	Wörter mit (rk)

Merke Nach l, n, r, das merke ja, steht nie **tz** und nie **ck**!

Der Laubfrosch

Geschickt klettert der Laubfrosch auf den Zweigen und Blättern eines Busches umher. Er hat eine dicke Fliege entdeckt und schleicht sich nun heran. Als er sich ihr bis auf dreißig Zentimeter genähert hat, bleibt er einen Augenblick auf einem Fleck hocken, zieht die Beine an, schätzt die Entfernung ab und springt nach dem (Insekt). Er klappt seine klebrige, ganz vorn im Maul festgewachsene Zunge aus, trifft damit die Beute und zieht sie in seinen Rachen. Der Jäger kann die Fliege ohne Schwierigkeiten verschlucken. Wenn er jedoch eine Heuschrecke geschnappt hat, so muss er seine „Hände" zu Hilfe nehmen und sich das sperrige (Insekt) tiefer ins Maul stopfen.

1. Schreibe die sieben Wörter mit **ck** auf.

____

____

2. Schreibe den Text als Partnerdiktat.

Merke

Zwischen zwei kurzen Vokalen – auch nach kurzem Umlaut – steht ein doppelter Konsonant. Statt **kk** steht jedoch **ck**.
Fremdwörter bilden eine Ausnahme. Einige Fremdwörter enden mit **kt** – wie das eingekreiste Wort im Text oben – und werden nur mit **k** geschrieben.

Buchstabenrätsel – Fremdwörter mit kt

Kerbtier
Erzeugnis
Enge Berührung
Geradezu, unmittelbar
Satzgegenstand
Streit
Beschädigung
Vollendete Gegenwart

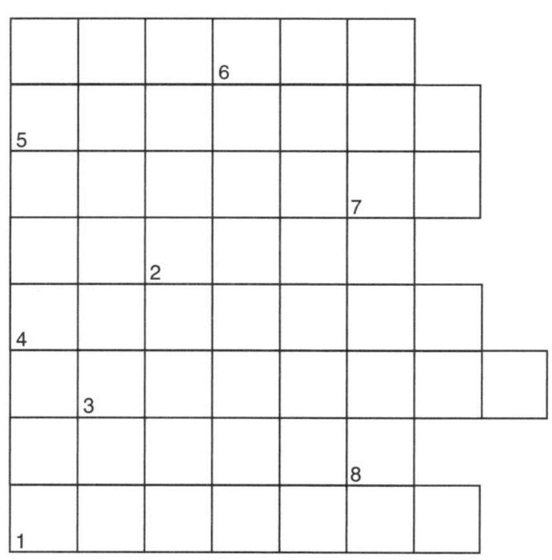

3. Ordne die Fremdwörter richtig ein:

Insekt	Kontakt
Subjekt	Perfekt
Produkt	Defekt
Konflikt	direkt

Lösungswort:
(Fremdwort für Werbeschrift)

1	2	3	4	5	6	7	8

Fremdwörter mit kk

Mokka, Mekka, Marokko, Makkaroni, Akkordlohn, Akkumulator

1. Stadt in Arabien ______________
2. Land in Nordafrika ______________
3. Nudelart ______________
4. Stücklohn ______________
5. Besonderer Kaffe ______________
6. Speicher für Elektrizität ______________

4. Ordne diese Wörter richtig ein.

Bergwanderung

Der Himmel ist wolkenlos, als Felix und seine Eltern am Morgen zu einer Bergwanderung aufbrechen. Der Anstieg ist nicht bequem, aber noch liegt der schmale und steile Weg im Schatten. Wenn sie vor Mittag am Gipfel sind, müssen sie sich nicht in der größten Hitze den Steilhang hinaufquälen. Gegen 11 Uhr klettern sie die letzten Meter zum Gipfelkreuz hoch. Die frische Luft hier oben ist erquickend. Sie schlüpfen in ihre Windjacken und lassen sich das Butterbrot schmecken. Leider ist das Wasser, mit dem Felix seine Flasche an einer Quelle gefüllt hat, jetzt nicht mehr kühl. Ungefähr eine Stunde rasten sie und kehren dann zur Hütte zurück. Für Felix war es ein unvergessliches Erlebnis die Gipfel der Berge so nahe zu sehen.

1. Unterstreiche die Wörter mit qu (Qu).
2. Schreibe den Text als Partnerdiktat.

Was gehört zusammen?

Frösche	quengeln	______
Ferkel	qualmen	______
Bremsen	quaken	______
Nachbarn	quieken	______
Kinder	quietschen	______
Schornsteine	quatschen	______

3. Schreibe die zusammengehörenden Wörter so auf: quakende Frösche
4. Schreibe mit den zusammengehörenden Wörtern einen Satz.

Substantiv und Verb

die Qual	der Qualm	die Quere	die Quelle	der Quatsch
______	______	______	______	______

die Quengelei	die Quittung	die Erquickung	die Quetschung
______	______	______	______

5. Schreibe unter jedes Substantiv ein verwandtes Wort.

Ordne nach dem ABC.

Quadrat	______	quitt	______
Quitte	______	quer	______
Quecksilber	______	quaken	______
Quark	______	quieken	______
Qualle	______	quietschen	______
Quader	______	qualmen	______

6. Ordne die Wörter jeder Gruppe nach dem Alphabet. Du musst dich nach dem Buchstaben richten, der nach dem Qu (qu) steht oder sogar nach dem darauf folgenden.

Ein Konsonant in der Wortmitte		Mehrere Konsonanten in der Wortmitte	
traben	tra-ben	schwimmen	schwim-men
nähen	nä-hen	lärmten	lärm-ten
laufen	lau-fen	kämpften	kämpf-ten
Merke	Der einzelne Konsonant in der Wortmitte kommt auf die nächste Zeile.	**Merke**	Hat ein einzelnes Wort mehrere Konsonanten in der Wortmitte, so kommt der letzte davon auf die nächste Zeile.

1. Zeichne Silbenbögen. Schreibe in die Kreise die Anzahl der Konsonanten, die in der Wortmitte stehen. Trenne nun die Wörter. Kontrolliere mit dem Wörterbuch.

Laden	◯	La-den	sinken	◯	________
wiegen	◯	________	konnten	◯	________
Weizen	◯	________	wollte	◯	________
Waage	◯	________	Tatze	◯	________
hinken	◯	________	schwatzen	◯	________
schimpfen	◯	________	hexen	◯	________
kratzen	◯	________	murrten	◯	________
Seufzer	◯	________	hüpften	◯	________
wärmen	◯	________	Gipfel	◯	________
Wespe	◯	________	trinken	◯	________

Merke (ch), (ck) und (sch) gelten als **ein** Buchstabe. Deshalb werden sie nicht getrennt.

2. Zeichne Silbenbögen. Trenne dann die Wörter. Kontrolliere mit dem Wörterbuch.

Stachel	Sta-chel	Tasche	________
Speicher	________	wischen	________
Büsche	________	schlucken	________
zischen	________	rascheln	________
Bücher	________	Bäcker	________
necken	________	Speichel	________

Einfache Wörter mit Vor- oder Nachsilben

Merke

Wörter mit Vor- oder Nachsilben werden *abgeleitete Wörter* genannt.
Sie werden genauso getrennt wie einfache Wörter.

1. Unterstreiche die Nachsilben. Setze vor die Konsonanten, die auf die nächste Zeile kommen, einen senkrechten Strich. Trenne nun die Wörter.

Däum|ling Däum-ling

Ringlein

Schäfchen

Raufbold

Reichtum

Erbschaft

diebisch

windig

Schülerin

Lehrerin

Schicksal

lebhaft

haltbar

Dunkelheit

Einsamkeit

merkten

einsam

Werbung

Bäckerei

goldig

Merke

Zwischen zwei Selbstlauten (Vokalen), die zu verschiedenen Silben gehören, darf getrennt werden. Beispiel: Feu|er, Trau|er

In den folgenden Wörtern haben zwei Vokale, die aufeinanderstoßen, verschiedenen Klang.

2. Zeichne einen senkrechten Trennstrich. Trenne nun die Wörter. Kontrolliere mit dem Wörterbuch.

bö|ig

Mauer

sauer

Befreiung

Trauung

teuer

schneeig

dauern

scheuern

Steuer

lauern

Bebauung

behauen

erneuern

Vokalregel

Merke

Silben aus einzelnen Selbstlauten (Vokalen: a e i o u) am Wortanfang oder am Wortende werden **nicht** abgetrennt.

1. Zeichne senkrechte Trennstriche. Trenne die Wörter. Kontrolliere mit dem Wörterbuch.

Ele|fant	Ele-fant	Orange	______	abendlich	______
Olive	______	Ironie	______	Operation	______
Amerika	______	Utensil	______	ehemals	______
Abenteuer	______	Egoist	______	Ozean	______
Ameise	______	Alufolie	______	ekelhaft	______

Merke

Silben aus einem Doppellaut (au, ei, äu, eu) dürfen wir abtrennen.
Es ist aber meistens nicht sinnvoll. Also trenne auf diese Weise nur im Notfall.

2. Zeichne senkrechte Trennstriche. Trenne die Wörter. Kontrolliere mit dem Wörterbuch.

Au|to	Au-to	Eiter	______	Euter	______
Eimer	______	eure	______	eisig	______
Eile	______	Eule	______	Eifer	______
außen	______	Auge	______	eilig	______

Merke

Die Buchstabenfolge st wird genauso getrennt wie sp.

3. Zeichne senkrechte Trennstriche. Trenne die Wörter. Kontrolliere mit dem Wörterbuch.

Gäs|te	Gäs-te	Knospe	______	Pfosten	______
Ostern	______	Kasten	______	Wespe	______
Kasper	______	gestern	______	lustig	______
Schwester	______	knuspern	______	Gospel	______
Fenster	______	rosten	______	Raspel	______

Die Krähe und die Kröte

Eine Krähe saß am Rande einer Grube und rief:
„Kröte, komm heraus!"
„Willst du mich fressen?", fragte die Kröte.
„Nein, du Angsthase", antwortete die Krähe, „ich denke gar nicht daran."
Da kroch die Kröte aus der Grube heraus.
Pick, machte die Krähe.
„Hatte ich es mir doch gedacht", seufzte die Kröte.

*Âsop**

1. Unterstreiche die wörtliche Rede so: _ _ _ _
   Unterstreiche den Redebegleitsatz so: ________

Merke

> Vor der wörtlichen Rede setzen wir Anführungszeichen unten. Nach der wörtlichen Rede setzen wir Anführungszeichen oben. Zur wörtlichen Rede gehört der Redebegleitsatz.

Redebegleitsatz (vor) der Rede:

Aussage	________: „_ _ _ _."
Frage	________: „_ _ _ _?"
Ausruf	________: „_ _ _ _!"

Merke

> Wenn der Redebegleitsatz vor der wörtlichen Rede steht, endet er mit einem Doppelpunkt. Die wörtliche Rede beginnt mit einem Großbuchstaben.
> Eine Krähe rief: „Kröte, komm heraus!"

2. Unterstreiche den Redebegleitsatz so: ______
   Unterstreiche die wörtliche Rede so: _ _ _ Setze die fehlenden Zeichen ein.

In der Schule

Der Schüler erklärte Ich habe mein Heft vergessen
Der Lehrer meinte Du bist sehr vergesslich
Darauf erwiderte der Schüler Ich weiß, dass ich mich bessern muss

Redebegleitsatz (nach) der Rede:

Aussage	„_ _ _ _", ________.
Frage	„_ _ _ _?", ________.
Ausruf	„_ _ _ _!", ________.

Merke

> Wenn der Redebegleitsatz nachgestellt ist, endet die wörtliche Rede mit einem Fragezeichen oder Ausrufezeichen. Der Punkt beim Aussagesatz fällt dann weg. Der nachgestellte Begleitsatz beginnt mit einem Kleinbuchstaben. Bei der wörtlichen Rede steht immer ein Komma hinter dem Anführungszeichen oben. „Willst du mich fressen?", fragte die Kröte.

3. Unterstreiche den Begleitsatz so: ______ Unterstreiche die wörtliche Rede so: _ _ _
   Setze die fehlenden Zeichen ein.

In der Schule

Ich habe mein Heft vergessen erklärte der Schüler
Du bist sehr vergesslich meinte der Lehrer
Ich weiß, dass ich mich bessern muss erwiderte darauf der Schüler

* nacherzählt von E. Wetter aus: Âsops Fabulae et Vitae (lateinisch und deutsch), Johann Zainers Officia, Ulm a. D., 1976/77.

Der eingeschobene Redebegleitsatz

Redebegleitsatz (zwischen) der wörtlichen Rede: „— — — —“, ————, „— — — —.“

Merke

> Wenn die Rede nach dem Begleitsatz weitergeht, endet der Begleitsatz mit einem Komma. „Nein, du Angsthase“, antwortete die Krähe, „ich denke gar nicht daran.“

1. Unterstreiche den Begleitsatz so: ____ Unterstreiche die wörtliche Rede so: _ _ _
Setze die fehlenden Zeichen ein. Schreibe die Sätze mit wörtlicher Rede ab.

In der Schule

Entschuldigen Sie bitte erklärte der Schüler ich habe mein Heft vergessen
Ich habe bemerkt meinte der Lehrer dass du in den letzten Wochen sehr vergesslich warst
Ich weiß erwiderte darauf der Schüler dass ich mich bessern muss

Einen Vorwand findet man immer

Einst kam ein Wolf an einen Bach, um dort zu trinken.
Da erblickte er ein Lamm, das ein Stück den Bach hinab seinen Durst löschte.
Warum trübst du mir das Wasser wollte der Wolf wissen.
Wie sollte ich dir das Wasser trüben können, das von dir zu mir herabfließt antwortete das Lamm.
Nun, jedenfalls weiß ich sagte der Wolf dass du gerade vor vier Monaten übel von mir geredet hast.
Wie sollte das möglich sein widersprach das Lamm. Damals war ich noch gar nicht geboren.
Da schrie der Wolf Dann ist es eben dein Vater gewesen. Er zerriss das Lamm und fraß es auf.

*Âsop**

2. Unterstreiche den Begleitsatz so: ____ Unterstreiche die wörtliche Rede so: _ _ _
Setze die fehlenden Zeichen ein. Schreibe die Sätze mit der wörtlichen Rede ab.

* nacherzählt von E. Wetter aus: Âsops Fabulae et Vitae (lateinisch und deutsch), Johann Zainers Officia, Ulm a. D., 1976/77.

Drei weiße, drei graue

Einmal begegnete dem Herrn eine arme Frau. Er wünschte ihr einen guten Tag. Sie entgegnete, dass es kein guter Tag werden würde, da sie arm sei und Hunger leide. Der Herr wollte ihr aber einen Wunsch erfüllen und fragte, ob sie dann zufrieden sei. Sie meinte, dass sie zufrieden wäre, wenn sie nur drei Schafe hätte. Da ging der Herr zu einem alten Baumstumpf, klopfte dagegen und befahl, dass drei weiße Schafe hervorkommen sollten. Sogleich standen drei weiße Lämmer vor ihm, die er der Frau schenkte. Sie bedankte sich und der Herr ging weiter. Doch bald bedauerte die Frau, dass sie sich nicht mehr gewünscht hatte. Da sie wusste, wie einfach es war sich die Schafe zu beschaffen, klopfte sie selbst an den Baumstumpf. Sie wünschte sich nun drei graue. Da stürzten drei Wölfe hervor und fraßen die drei weißen Lämmer auf.

Schreibe den Text so um, dass du die wörtliche Rede mit Begleitsätzen verwenden kannst.
Schreibe, was der Herr und was die arme Frau wörtlich sagen. Benutze die Wörter aus dem Wortfeld „sagen“: wünschen, entgegnen, fragen, meinen, befehlen, bedanken, berichten, erzählen usw.

Drei weiße, drei graue

Einmal begegnete dem Herrn eine arme Frau. Er wünschte ihr: „Guten Tag.“

Sie entgegnete: „Es wird kein guter Tag werden, denn ich bin arm und habe Hunger.“

Der Herr

Der Wald schützt den Boden

Der Wald gibt dem Boden Halt (,) und die Wurzeln der Bäume verhindern das Abrutschen der Hänge nach starken Regenfällen. Der größte Teil des Wassers wird aufgesogen (,) und der Boden wird nicht weggeschwemmt. Der Wald bremst die Kraft starker Windböen auch über den Waldrand hinaus (,) und so werden in diesem Bereich der Boden und die Saat geschützt.

1. Schreibe die beiden Sätze, die durch und verbunden sind als Einzelsätze. Schreibe so: Der Wald gibt dem Boden Halt. Die Wurzeln der Bäume verhindern das Abrutschen der Hänge nach starken Regenfällen.

Merke

Zwei Sätze können aneinander gereiht werden, indem man zwischen ihnen „**und**“ schreibt. Vor „**und**“ schreibt man nur ein Komma, wenn man die Gliederung des Satzganzen deutlich machen möchte.
Beispiel: Vater liest ein Märchen vor (,) **und** die Kinder hören aufmerksam zu.

Merke

Wenn mehrere Sätze verbunden werden sollen, schreibt man hinter jedem Satz ein Komma. Nur zwischen den beiden letzten Sätzen wird „und“ geschrieben. Vor „**und**“ setzt man nur ein Komma, wenn man die Gliederung des Satzganzen deutlich machen möchte. Beispiel: Der Vorhang hebt sich, das Orchester spielt leiser (,) **und** die Sänger treten auf.

2. Verbinde die Sätze, wie bei dem Beispiel oben.

Die Klingel ertönt. Die Pause ist zu Ende. Die Zuschauer setzen sich. Die Lichter gehen aus.

Der Vorhang fällt. Die Schauspieler verneigen sich. Die Zuschauer klatschen.

Die Sonne brennt. Kein Lüftchen regt sich.

Dunkle Wolken jagen über den Himmel. Blitze zucken. Der Donner grollt.

Der Regen prasselt auf die Dächer. Der Sturm peitscht die Bäume.

Komma bei Aufzählungen

Merke

Ein Komma steht bei Aufzählungen gleicher Satzglieder, wenn sie nicht durch **und**, **oder**, **sowie** verbunden sind.

Mehrere Subjekte:	Auf dem Tisch standen Teller, Tassen, Gläser und Schüsseln.
Mehrere Prädikate:	Während des Fußballspieles klatschten, pfiffen, sangen, schrien und tobten die Zuschauer.
Mehrere Ergänzungen:	Mutter kaufte Brot, Butter, Gemüse, Obst und Fleischwaren im Supermarkt.
Mehrere Attribute:	Wir konnten bunte, gestreifte, gefleckte und getupfte Regenschirme auf der Straße bewundern.
Mehrere adverbiale Bestimmungen:	Während des Festzuges drängelten sich die Leute an den Fenstern, auf den Balkonen, am Straßenrand und sogar auf Zäunen.

Fahrt mit der historischen Eisenbahn

Mehrere Klassen der Schule finden sich zu einer gemeinsamen Fahrt mit der historischen Eisenbahn am Bahnhof ein. Jungen und Mädchen und Eltern und Lehrer treffen sich auf dem Bahnhofsvorplatz. (______________) Gemeinsam gehen sie durch das Bahnhofsgebäude und die Treppen hinunter und durch die Unterführung und wieder hinauf auf den Bahnsteig. (______________) Dort stehen eine alte Dampflok und ein Packwagen und vier Personenwagen bereit zur Abfahrt. (______________) Der Lokführer und der Heizer und der Schaffner zeigen sich in ihren Uniformen und begrüßen die Lehrer und die Eltern und die Kinder. (______________) (______________) Die Reisenden steigen ein und drängeln sich an den Fenstern und auf den Gängen und auf den Plattformen. (______________) Übermütig winken und lachen und rufen und singen die Schüler aus den Fenstern. (______________)

1. Bestimme in jedem Satz die Satzglieder. In den Sätzen werden Satzglieder aufgezählt. Schreibe hinter jeden Satz in die Klammer, welche Art Satzglied aufgezählt wird.
2. Beachte die Regeln, wenn du nun die Sätze in verbesserter Form aufschreibst. Reihe gleiche Satzglieder durch Komma aneinander.
3. Schreibe den Text als Partnerdiktat.

Worauf sollten Radfahrer achten?

Vor jeder Fahrt sollte geprüft werden, ob Bremsen und Klingel und Lampe und Rückleuchte und Lenkung und Bereifung und Sattel in Ordnung sind. Beim Radfahren sollte man keine langen Schals oder weite Hosen oder lange Röcke tragen. Auch lose Schuhbänder können sich in der Kette verfangen und die Sicherheit gefährden. Von der Bordsteinkante und parkenden Autos und spielenden Kindern sollte man einen angemessenen Abstand halten, um Unfälle zu vermeiden. Die Füße gehören immer auf die Pedale und beide Hände sollen die Lenkstange halten, sofern nicht gerade ein Handzeichen gegeben wird.

Schreibe den Text so ab, dass du in den Sätzen, in denen Satzglieder aufgezählt werden, statt der Konjunktion (und, oder) ein Komma schreibst. Notiere hinter jedem Satz, welches Satzglied jeweils aufgezählt wird.

Vor jeder Fahrt sollte geprüft werden, ob Bremsen, Klingel, Lampe, Rückleuchte, Lenkung, Bereifung und Sattel in Ordnung sind. (Subjekte)

Unsere Erde

Auf unserer Erde umgibt uns eine bunte Vielfalt von Pflanzen. (Wälder Wiesen Seen Meere) sind von unzähligen Lebewesen besiedelt. (Das kleinste Moos die farbigen Blumen die mächtigen Waldbäume die schillernden Libellen und Käfer die Fische im Wasser die bunten Vögel das Wild in den Wäldern) gehören zum Bild unserer Erde. Das Bild wird auch geprägt durch (die Berge und Täler die weiten Ebenen das große Weltmeer die öden Wüsten). Dies Bild der Erde ist uns vertraut. Es ist aber nicht unveränderlich. Es verändert sich durch plötzliche Naturereignisse wie (einem Erdbeben einer Sturmflut einem Vulkanausbruch einer Unwetterkatastrophe). Die größten Veränderungen auf unserer Erde geschehen jedoch (ganz allmählich unmerklich in winzigen Schritten). Das Leben in der Natur entwickelte sich in einem unvorstellbar langen Zeitraum über vier Milliarden Jahre und die Entwicklung geht jeden Tag weiter.

Schreibe diesen Text auf. Es fehlen Kommas und Konjunktionen (und bzw. oder). Notiere hinter jedem Satz, welches Satzglied aufgezählt wird.

Im Gewächshaus

Im Gartenbau hat sich in den letzten Jahren viel verändert, weil die Menschen das ganze Jahr über Obst und Gemüse möglichst billig kaufen wollen.
Der Gärtner zieht nun seine Pflanzen im Treibhaus, weil er dort sein Wetter selber machen kann. Heizungen sorgen für die richtige Temperatur und aus Wasserrohren geht Sprühregen bei trockener Luft auf die Pflanzen nieder. Künstliches Licht muss den Tag verlängern, wenn die Pflanzen schneller wachsen sollen. Im Freilandbau heißt es dagegen, dass der Gärtner dreifach säen muss. Dort sät er nämlich für das Wetter, für das Ungeziefer und für sich.

1. Du findest in dem Text viermal ein Satzgefüge, also den Hauptsatz und den anschließenden Gliedsatz.
Schreibe die Satzgefüge nach dem Muster in dein Heft. Achte auf das Komma.

Hauptsatz: Im Gartenbau hat sich in den letzten Jahren viel verändert,
Gliedsatz: weil die Menschen …

2. Stelle die Satzgefüge nun so um, dass erst der Gliedsatz und dann der Hauptsatz geschrieben wird.

Gliedsatz: Weil die Menschen das ganze Jahr über Obst und Gemüse möglichst billig kaufen wollen,
Hauptsatz: hat sich im Gartenbau in den letzten Jahren viel verändert.

Merke

Haupt- und Gliedsatz werden durch ein Komma getrennt.
Der Gliedsatz wird mit einem Bindewort eingeleitet.

Merke

Die Bindewörter wenn, weil und dass leiten immer Gliedsätze ein.
Also muss auch immer ein Komma gesetzt werden.

3. Ergänze die folgenden Sätze zu Satzgefügen aus Haupt- und Gliedsatz.
Benutze die Bindewörter wenn, weil und dass.

Pflanzen wachsen auch ohne Erde,	weil sie sich daran festhalten können.
Die Behälter müssen dann mit Kies gefüllt werden,	dass die Früchte hierbei ihren guten Geschmack verlieren.
Die Wurzeln brauchen Steine,	wenn man die Samen in eine Nährlösung legt.
Viele Menschen beklagen jedoch,	wenn die Samen aufgegangen sind und Wurzeln bilden.

Hier fehlt der Gliedsatz

1. Ergänze die folgenden Sätze zu Satzgefügen aus Haupt- und Gliedsatz. Benutze die Bindewörter wenn, weil und dass.

1. Hauptsatz: Ich kann leider nicht zu deinem Geburtstag kommen, __________
   Gliedsatz: weil __________
2. Hauptsatz: Ute hat mir fest versprochen, __________
   Gliedsatz: __________
3. Hauptsatz: Unser Lehrer hat immer gesagt, __________
   Gliedsatz: __________
4. Hauptsatz: Wir müssen die Klassenfahrt verschieben, __________
   Gliedsatz: __________
5. Hauptsatz: Es wäre vielleicht nichts passiert, __________
   Gliedsatz: __________
6. Hauptsatz: Wir müssen alle gemeinsam aufpassen, __________
   Gliedsatz: __________

Kommasetzung bei aufgezählten Gliedsätzen

Chemische Pflanzenschutzmittel

Der Gärtner spritzt die Pflanzen mit chemischen Mitteln, weil er das Unkraut vertilgen will und weil er die Schädlinge vernichten möchte. Die chemischen Mittel haben aber eine schlimme Nebenwirkung, weil sie auch nützliche Tiere töten und weil sie auch die Wildkräuter vernichten. Auch die menschliche Gesundheit kann gefährdet sein, wenn gespritztes Obst und Gemüse Giftstoffe enthalten oder wenn gespritztes Obst und Gemüse nicht gründlich gewaschen werden.

Merke Zwischen aufgezählten Gliedsätzen steht kein Komma, wenn sie mit und oder oder verbunden sind.

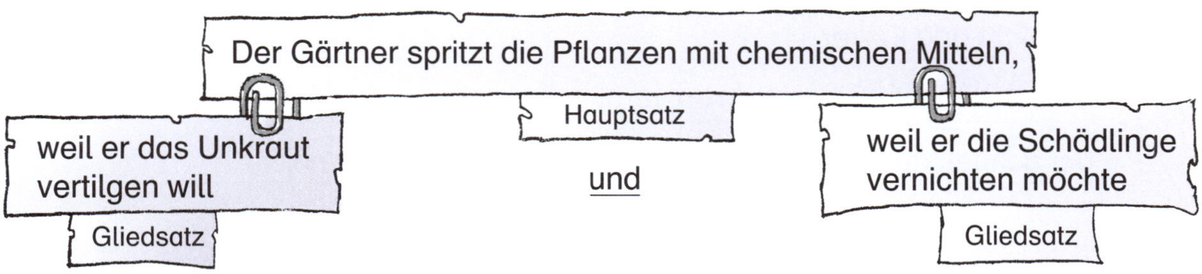

2. Zeichne dir zwei gleiche Schaubilder und schreibe die nächsten Satzgefüge aus dem Text hinein.

Merke Wenn die Gliedsätze in dieser Weise dem Hauptsatz zugeordnet sind, handelt es sich um aufgezählte Gliedsätze.

Der Wald speichert Wasser

Der Waldboden, der zum größten Teil aus Humus besteht, ist leicht und locker. Er ist mit einem Schwamm zu vergleichen, der schnell auch große Wassermengen aufnehmen kann. Der Waldboden, in dem das Wasser gespeichert wird, gibt es nur langsam wieder ab. Grundwasser und Quellen, die ständig Wasserzufuhr brauchen, erhalten aus dem Waldboden einen Teil des gespeicherten Wassers.
Ein anderer Teil des Wassers, der an der Oberfläche des Waldbodens steht, verdunstet.
Ein großer Teil des Wassers, der von den Wurzeln der Pflanzen aufgesogen wird, gelangt von den Wurzeln über Leitungsbahnen zu den Blättern und verdunstet hier.
So werden Überschwemmungen und Dürre, die stets eine Gefahr für den Menschen bedeuten, durch die gleichmäßige Wasserführung des Waldbodens verhindert.

1. In dem Text oben sind die Relativsätze unterstrichen. Sie beginnen mit einem Relativpronomen (der, die, das) oder einem Fall davon (dem, den, dessen). Vor dem Relativpronomen kann auch noch eine Präposition stehen (in, am, mit, bei, von). Unterstreiche die Relativpronomen und die Präposition rot. Schreibe die Kommas rot nach.

Merke

> Relativsätze sind eine Sonderform der Gliedsätze. Der ganze Relativsatz bezieht sich nur auf ein bestimmtes Satzglied. Relativsätze werden durch ein Komma abgetrennt oder in Kommas eingeschlossen.

2. Schreibe die Satzgefüge so ab, wie die Beispiele zeigen. Zeichne von dem Satzteil, auf den sich der Relativsatz bezieht, einen Pfeil zum Relativpronomen.

Hauptsatz:	Der Waldboden,
Relativsatz:	der zum größten Teil aus Humus besteht,
Hauptsatz:	ist leicht und locker.
Hauptsatz:	Er ist mit einem Schwamm zu vergleichen,
Relativsatz:	der schnell auch große Wassermengen aufnehmen kann.

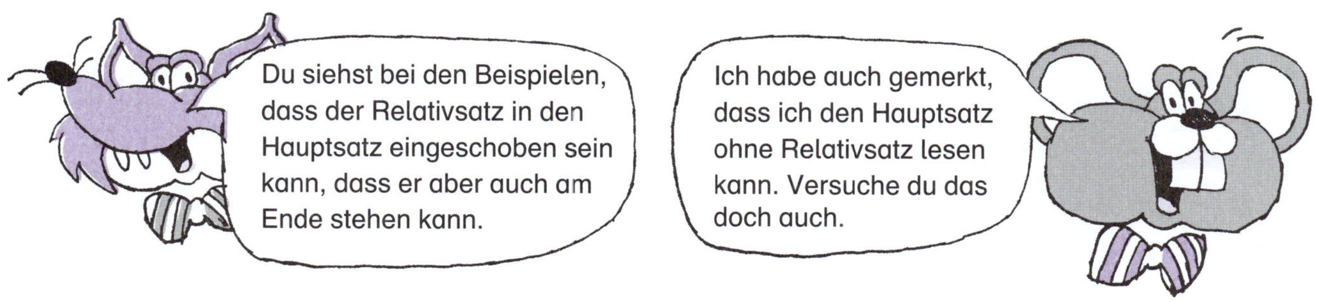

Der Wald filtert Wasser und Luft

Die Blätter und Nadeln der Bäume wirken wie Filter die Staub, Ruß und Schadstoffe aus der Luft auffangen. Ein Teil der Schadstoffe den die Bäume zum Leben brauchen wird in den Blättern und Nadeln zu Nahrung umgewandelt. Dabei entsteht Sauerstoff der an die Luft abgegeben wird. Diesen Sauerstoff den die Blätter an die Luft abgeben brauchen wir Menschen zum Atmen. Wichtig ist auch die Filterwirkung die der Waldboden ausübt. Die Schadstoffe die aus der Luft mit dem Regen in den Boden gelangen werden nämlich vom Waldboden festgehalten. Der Waldboden der die Schadstoffe aus dem Regenwasser herausfiltert reinigt also das Wasser.

1. Der Text enthält Satzgefüge, die aus Haupt- und Relativsatz bestehen. Unterstreiche den Hauptsatz jeweils lila, unterstreiche den Relativsatz jeweils schwarz. Trage die fehlenden Kommas ein.
2. Schreibe nun den Text so ab, dass du die Relativsätze weglässt und nur die Hauptsätze schreibst. Was fällt dir auf?

____

____

____

____

____

____

____

____

____

3. Lass dir nun den Text diktieren. Beweise, dass du die Relativsätze erkennst und die entsprechenden Zeichen richtig setzen kannst.

Relativsätze bilden

4. Bilde Satzgefüge aus Hauptsatz und Relativsatz. Schreibe wie bei dem Beispiel. Unterstreiche den Relativsatz.
   Die Wäsche hängt auf der Leine. Die Wäsche ist trocken.
   Die Wäsche, <u>die auf der Leine hängt</u>, ist trocken.

Die Katze lag immer auf der Fensterbank. Die Katze ist gestorben.
Die Familie wohnte in dem Gartenhaus. Die Familie ist weggezogen.
Der Schnee liegt vor der Eingangstür. Der Schnee muss weggeschaufelt werden.
Das Boot lag am Seeufer. Das Boot ist verschwunden.
Wir haben die Klassenfahrt geplant. Die Klassenfahrt muss verschoben werden.
Ich wollte eigentlich mit dem Zug reisen. Der Zug ist verunglückt.

S. 5 Aufgabe 1: **Ein Besuch im Zoo**
neulich, fleißig, pünktlich, gewaltig, tatsächlich, fröhlicher, vierjähriger, ängstlich, neugierig, unruhig, gieriges, wirklich, lustig, unaufhörlich, beweglich, schwerfälligen

Aufgabe 3: **Jörg kennt den Weg**
neulich, gemütlich, höflich, offensichtlich, ortskundig, bereitwillig, freundlichen, fröhlich, sonntäglichen, richtig

S. 6 Aufgabe 2: Reihe 1 → armselig, heimlich, beachtlich, freiwillig, rechtwinklig, umständlich, zufällig, eklig, heilig, natürlich, hoffentlich, wirklich, plötzlich, einmalig
Reihe 2 → langweilig, ähnlich, täglich, ölig, kitzelig, männlich, reichlich, stachelig, selig, neulich, ängstlich, mehlig, unwillig, gefährlich

Aufgabe 3: Reihe 1 → armselig, freiwillig, rechtwinklig, zufällig, eklig, heilig, einmalig
Reihe 2 → langweilig, ölig, kitzelig, stachelig, selig, mehlig, unwillig

S. 7 Aufgabe 3: gastlich, hügelig, waldig, lieblich, reichhaltig, täglich, tüchtig, sportlich, herrlich, wanderfreudig, natürlich, badelustig, täglich, preisgünstig, wohnlich, gemütlich, freundlich, reichlich, herzlich

S. 9 Aufgabe 2: **Wir verreisen**
wollten, verreisen, beim Anziehen, ging, hasteten, löste, ermahnte, das Spielen und Toben, gestattet, das Überschreiten, verboten, hörten, ein Pfeifen und Quietschen, beim Einlaufen, traten, stiegen, öffnete, hinauslehnen, durfte, ärgerten, genoss, stiegen, lesen, vor dem Halten, brauchst, beachten

Aufgabe 3: **Sprichwörter**
freuen, warten, herläuft, fängt, Schenken und Geben, Essen und Trinken, vom Kauen, vom Denken, fragen, irregehen, fragen, bepacken, fragt, bekommt

S. 10 Aufgabe 3: Wo **ist das?**
Es raschelt leise im Stroh. Es lärmt ohrenbetäubend in der Maschinenfabrik. Es brüllt beängstigend im Löwenkäfig. Es rauscht stark am Wasserfall. Es knallt schrecklich beim Feuerwerk. Es tropft ständig aus dem Wasserhahn. Es summt unaufhörlich im Bienenkorb. Es kreischt durchdringend aus dem Kinderzimmer. Es plätschert stetig vom Springbrunnen. Es knistert unaufhörlich im Kamin.

S. 11 Aufgabe 1: **Das Überqueren der Straßen**
das Überqueren, beim Fehlen, das vermeintlich langsame Herannahen, das Benutzen, das ständige Beachten, ein rechtzeitiges Anhalten, durch unnötiges Trödeln

S. 13 Aufgabe 1: schön, unangenehm, gut, teuer, gut, billig, schlecht, böse, leider, spät, auffällig, unauffällig, krumm, gerade

Aufgabe 3: vergesslich, unnötig, unordentlich, krank, ungesellig, allein, schlagfertig, geizig, traurig, erwachsen

Aufgabe 5: Nützliche, Angenehmen, Geistreiches mit Schönem, Gleiches mit Gleichem, das Tollste, ins Schwarze

S. 14 Aufgabe 2: In der Zeitung habe ich manches Spannende gelesen. Ich habe nichts Neues gehört. Ich habe über dich etwas Neues gehört. Auf der Reise habe ich viel Interessantes erlebt. Der Unterhaltungsfilm brachte wenig Lustiges.

S. 15 Aufgabe 2: alles Gute, viel Schönes, nichts Neues, etwas Interessantes, wenig Gutes, manches Langweilige, genug Erfreuliches, allerlei Aufregendes, jedes Unterhaltsame, etwas Wichtiges

Aufgabe 3: **Auf der Geisterbahn**
manches Aufregende, auf das Äußerste, vom Hellen ins Dunkle, auf Schreckliches, das Kalte, etwas Unheimliches, das Rot, das Ekelhafteste, Schlimmes und Unheimliches, genug Aufregendes

S. 16 Aufgabe 1: Satz 1 → der Atlantische Ozean, Satz 4 → der Alte Fritz, Satz 5 → der Stille Ozean, Satz 7 → das Weiße Haus in Washington, Satz 8 → das Nördliche Eismeer, Satz 9 → der Große Arber, Satz 10 → das Rote Kreuz, Satz 12 → die Ewige Stadt, Satz 14 → das Bürgerliche Gesetzbuch, Satz 15 → die Heilige Schrift, Satz 16 → das Schwarze Meer

S. 17 Aufgabe 1: kanadischer Weizen, holländische Tulpenzwiebeln, spanische Apfelsinen, dänische Butter, belgische Grenze, norwegische Fjorde, schwedisches Eisenerz, portugiesische Sardinen, europäische Hauptstädte, griechische Feigen, ägyptische Baumwolle, französischer Rotwein, Emmentaler Käse, Edamer Käse, Magdeburger Börde, Soester Börde, Aachener Printen, Nürnberger Lebkuchen, Ulmer Münster, Kölner Dom, Mainzer Karneval, Augsburger Puppenkiste, Lübecker Rathaus, Berliner Pfannkuchen

S. 18 Aufgabe 1: gestern Morgen, vorgestern, am Vormittag, am Nachmittag, gestern Abend, heute Morgen, morgen Mittag

S. 19 Aufgabe 2: **Beim Fußballspiel verletzt**
gestern (1.R.), heute Morgen (2.R), nachmittags (3.R), am Abend (4.R), ein paar Tage (4.R), morgen (1.R)

Aufgabe 3: gestern Abend (2.R), am nächsten Morgen (4.R), heute Nachmittag (2.R), morgen (1.R), morgen Abend (2.R), in der Nacht (4.R), mittags (3.R), am Nachmittag (4.R), abends (3.R)

S. 20 Aufgabe 1: Schuld haben, Fuß fassen, Walzer tanzen, Rad fahren, Diät halten, Not leiden, Feuer fangen, Schlange stehen, Angst haben, Unkraut jäten, Rasen mähen

Aufgabe 2: stattfinden, teilnehmen, leidtun, pleitegehen, eislaufen

S. 21 Aufgabe 1: spazieren gehen, laufen lernen, lesen üben, baden gehen, arbeiten kommen

Aufgabe 2: vorbei sein, vorhanden sein, zufrieden sein, zurück sein, froh sein, fertig sein, beisammen sein

S. 24 Aufgabe 2: **Nach einem Unfall**
Der Motorradfahrer erklärt, **dass** der Autofahrer zu schnell an die Kreuzung herangefahren ist. Ein Zeuge behauptet, **dass** der Motorradfahrer die Vorfahrt nicht beachtet hat.
Ein anderer Zeuge wirft ein, **dass** die Ampel nämlich schon auf „Rot" gesprungen war.
Der Autofahrer widerspricht, **dass** die Ampel noch auf „Gelb" stand. Der erste Zeuge rät, **dass** die Polizei geholt werden sollte. Der Motorradfahrer stimmt zu, **dass** sie das Problem allein nicht lösen können.

Aufgabe 3: Das Löschblatt ist so verschmiert, **dass** es ersetzt werden muss.
Das Fahrrad ist so klapprig, **dass** es verschrottet werden muss.
Der Baum ist so morsch, **dass** er umbrechen wird.
Der Sturm ist so heftig, dass er Bäume entwurzelt.
Der Film ist so langweilig, dass er nicht anzusehen ist.
Die Suppe ist so salzig, **dass** sie nicht aufgegessen werden kann.
Die Hunde sind so ängstlich, **dass** sie sich verkriechen.

S. 25 Aufgabe 2: **D'Artagnan und die drei Musketiere**
... erkannte, **dass** er ..., ... erfreut, **dass** er ..., ... Abenteuer, **dass** der ..., ... **Das** war ein ..., ... sein Glück, **das** ihn noch nie ..., ... hoffte, **dass** alles gut ...

S. 26 Aufgabe 2: **Der erste Schnee**
... so tüchtig geschneit, **dass** der erste Schnee ..., ... ist so dick, **dass** die Kinder ..., ... ein herrliches Spiel, **das** niemand ..., ... wünschen sich, **dass** der Schnee ..., ... machen sich nichts daraus, **dass** sie kalte Hände ..., ein kleines Kind, **das** zum ersten Mal ..., ... macht ihm das Rodeln solchen Spaß, **dass** es sich nicht mehr ..., ... Lachen der Kinder, **das** von der Rodelbahn schallt ...

S. 27 Aufgabe 1: ...für ihn ist, **dass** sein Rechnen ..., ... ist überzeugt, **dass** dies nicht ..., ... stört ihn nicht, **dass** sein Vorgesetzter ..., ... in der Kasse sein muss, **das** möchte er ..., ... fällt auf, **dass** Klaus ..., ... nicht gewohnt ist, **dass** Klaus ..., ... muss **das** doch ..., ... ist erfreulich, **dass** du beim ...

Aufgabe 2: ... das Kleid abgeholt, **das** Mutter ..., Mutter glaubt, **dass** ihr ..., ... das Fahrrad reparieren, **das** wir ..., Ich meine, **dass** wir es ..., ... mit dem Auto fahren, **das** in der Garage ..., Mutter meint, **dass** das Auto ..., ... das Buch schon gelesen, **das** du dir aus ..., Ich kann dir versichern, **dass** es sehr spannend ...

S. 28 Aufgabe 1: **Katze und Vogel**
das (A) Vogelbrett, ... merken, **dass (K)** ... **das (A)** schlanke Rotkehlchen, **das (R)** scheuer als die Spatzen ..., ... ärgere ich mich, **dass (K)** die Spatzen ..., ... so hastig auf, **dass (K)** der ganze Balkon ..., ... zanken sie sich auch um **das (A)** Futter ..., Ist **das (D)** eine kecke Gesellschaft!, ... bewegen sich so flink, **dass (K)** sie wie Bälle ..., **Das (D)** ist ein Schreck!, ... lauert **das (A)** Kätzchen ..., ... ist so aufgeregt, **dass (K)** seine Zähne ..., ... und **das (A)**

Schwanzspitzchen …, … begreift nicht, **dass (K)** die Scheibe …, Ist **das (D)** eine Qual, **dass (K)** es eingesperrt …, … springt an die Scheibe, **dass (K)** alle Vögel …, Aber was nützt ihm **das (D)**?, … und **das (A)** qualvolle Spiel …

S. 29 Aufgabe 1: **Der Hund und sein Spiegelbild**
mühsam (1), gerissen (2), sauste (1), genießen (3), Fluss (2), musste (2), verlassen (2), Wasser (2), entreißen (3), ließ (3), fließende (3), Wasser (2), riss (2), fressen (2)

S. 30 Aufgabe 1: **Alle Wörter enden auf -is oder -as oder -us**
Erzeugnis, Ergebnis, Autobus, Gefängnis, Geheimnis, Kürbis, Atlas, Zirkus, Gleichnis, Begräbnis, As, Krokus, Finsternis

Aufgabe 2: Zeugniszensur

Aufgabe 3: ros|tig, rie|sig, duns|tig, tap|sig, fins|ter, flüs|sig, has|tig,
Erb|se, Kas|per, Fens|ter, Rät|sel, Krus|te, Lot|se, Mus|ter,
kos|ten, räus|pern, bas|teln, ver|ges|sen, flüs|tern, fres|sen, bürs|ten

S. 31 Aufgabe 5: Wolllappen, Schifffahrt, Rollladen, Schnellläufer, Stalllaterne, Bestellliste, Betttuch, Metalllöffel, Zinnnapf, Stofffetzen, Stofffarbe, Kristalllinse, Balletttänzerin, Fetttopf, Werkstatttür, Klappppult, Kontrolllampe, Stofffülle, Wetttafel

S. 33 Aufgabe 1: **Gefahren im Herbst**
die gef**äh**rlichste J**ah**reszeit, Verk**eh**rsteiln**eh**mer, w**oh**l, w**ie**, pass**ie**ren, Verk**eh**rsunfälle, schm**ie**rig, N**ie**selregen, F**ah**rb**ah**n, schm**ie**rige, F**ah**rzeuge, S**ee**n, Radf**ah**rer, F**ah**rb**ah**n, Betr**ie**b, s**eh**en, ges**eh**en, Radf**ah**rern, empf**eh**len, F**ah**rtrichtung, Abb**ie**gen, F**ah**rzeug, **eh**e, F**ah**rspur

S. 37 Aufgabe 1: ließ, nie, getrieben, ihn, blieb, Sieger, ließ, schließlich, schrie, siehst, Schienen, erwiderte, Sie

Aufgabe 2: Felix, sich, nicht, erging, zwischen, klingelte, ich

Aufgabe 5: er zielt – zielen, er stiehlt – stehlen, er empfiehlt – empfehlen, er liegt – liegen, er spielt – spielen, er sieht – sehen, er siegt – siegen, er flieht – fliehen, er fliegt – fliegen

S. 38 Aufgabe 1: Stiel, Riemen, Frieden, Liege, Spiegel, Riegel, fliehen, schießen, fliegen, genießen, zielen, ziehen

Aufgabe 5: diktieren, buchstabieren, explodieren, kassieren, interessiert, repariert, notieren, studieren, tapezieren, operieren

S. 39 Aufgabe 1: Umkleidekabine, Kaminkehrer, Benzinkanister, Wasserturbine, Bleistiftmine, Burgruine, Apfelsinensaft, Pflanzenmargarine, Gardinenstange, Medizinmann, Rosinenbrot, Violinkonzert, Maschinenschaden

Aufgabe 2: Praline, Vitrine, Routine, Lupine, Beduine, Terrine, Rosine, Marine, Termin, Benzin, Rubin, Pinguin, Tamburin, Disziplin, Kamin, Nikotin

S. 40 Aufgabe 1: wider seinen Willen, widerwillig, wiederholte, erwiderte, wieder hergestellt, wiedergegeben, widerstrebend, widerrufen, Widerrede, nicht wieder, wieder aufnehmen

Aufgabe 3: **Der Silberschatz**
das **widerspenstige** Meer, erinnerte **wieder** daran, Unglück **widerfahren,** in einem **widerwärtigen** Sturm, immer **wieder, wieder** und **wieder**, das Meer **widersetzte** sich den **wiederholten** Versuchen, nicht **wieder** herausgeben, Nun ist es den **wiederholten** Versuchen, **wieder** ans Tageslicht gebracht worden, dem **widerstrebenden** Meer, **wieder** einmal, immer **wieder, Widerstand** der Natur

S. 41 Aufgabe 1: **Das Einmannorchester**
mitten **in** die Zirkusarena, überschüttet **ihn,** Lächeln **im** geschminkten Gesicht, vor **ihm** steht, packt **ihn** die Neugier, **im** Koffer, bleibt **ihm** offen, greift **in** den Koffer, **in** seinen Händen, wie ihm das Geklingel, **im** Nu, **in** den Koffer, **in** die Höhe, baumelt **ihm** am Halse, **im** Takt, nun zieht es **ihn** wieder, **im** nächsten Augenblick, es gelingt **ihm, in** strahlender Laune, Schaut **ihn** an, es gibt nur **ihn, in** der Arena, **im** Kreise, umgeben **ihn,** folgt **ihm**

Aufgabe 2: **im** Handumdrehen, **in** großen Sätzen, **im** Stich lassen, **in** Sack und Asche gehen, **im** Trüben fischen, **im** Großen und Ganzen, **im** Dunkeln tappen, **in** Saus und Braus leben, **in** kalten Winternächten, **im** ersten Rang sitzen, **in** Nachdenken versinken, **in** Kürze

S. 42 Aufgabe 1: flugs – fliegen, allerdings – Dinge, links – linke, klecksen – kleckern, Knicks – knicken, Häcksel – hacken, stracks – strecken, längs der Straße – die Länge, schon längst – schon lange, wenigstens – weniger

Aufgabe 3: **Satzlücken**
Pferde fressen gern **Häcksel.** Ich habe die Geschichte schon **längst** vergessen. Musst du denn immer mit dem Füller **klecksen**? Wir sind **vormittags** in der Schule. Bei uns gibt es **nachmittags** häufig Kaffee und Kuchen. Die Bahngleise verlaufen **längs** der Straße. Die Maus tappte **ahnungslos** in die Falle.

S. 43 Aufgabe 1: **Wörter mit x-Lauten**
cks → Klecks, Knicks, Häcksel; ks → links, Koks, Kekse; gs → mittags, blindlings, rücklings

S. 45 Aufgabe 2: **Examensnöte**
Felix, fix, Taxi, Examen, Text, Lexikon, links, allerdings, längst, exakte, sechs, verhext, kleckste, flugs, wechselte

S. 46 Aufgabe 3: **Hier fehlt ein Buchstabe**
ein endloser Weg, eine endgültige Entscheidung, ein unendlich langer Winter, das Endziel nicht aus den Augen verlieren, zum Endkampf antreten, die Endlosigkeit der Wüste erleben, die Endsilbe eines Wortes verschlucken, mit aller Kraft zum Endspurt ansetzen

S. 47 Aufgabe 2: entwerfen – Entwurf, entgleisen – Entgleisung, entmutigen – Entmutigung, sich entschließen – Entschluss, sich entschuldigen – Entschuldigung, sich entfernen – Entfernung, enthüllen – Enthüllung, entdecken – Entdeckung, enttäuschen – Enttäuschung, sich entscheiden – Entscheidung

S. 48 Aufgabe 1: **Dornröschen erwacht**
endgültig, entschlossen, entwerfen, endlich, entdeckt, Entfaltung, entwickelt, entworfen, endlosen, Endergebnis, entzückende, entschlüpften

Aufgabe 3: **Stadtmeisterschaften**
die Endrunde, der Entschluss, Endauswahl, letztendlich, Endspurt, entkommen, beim Endlauf, enttäuschte, entfachte, Endziel, endgültig, die Entscheidung, Endabrechnung

S. 49 Aufgabe 1: **Lückentext**
Endspurt, enttäuschten, Gesetzentwurf, Entzündung, entfiel, beendet, Entscheidung

Aufgabe 2: **end** als Vorsilbe → **End**station, **end**gültig, **End**spurt, **End**runde, **End**summe, **end**los; **end** beim Mittelwort → schall**end**, ermutig**end**, entzück**end**, reiz**end**, fließ**end**, hervorrag**end**; **ent** als Vorsilbe → **ent**laden, **ent**fachen, **ent**kommen, **ent**zückend, **ent**lassen, **ent**hüllen, **ent**gleisen; **ent** oder **end** vor lich → hoff**ent**lich, eig**ent**lich, jug**end**lich, un**end**lich, ord**ent**lich, öff**ent**lich, ab**end**lich

S. 50 Aufgabe 3: todlangweilig, totgelacht, todernstem, todsicher, totgelaufen, todtraurig, todmüde, todunglücklich, totgelaufen, totzuschweigen

S. 52 Aufgabe 1: Stenografie, Fotografie, Philosophie, Grafit, Grafik, Telefon, Mikrofon, Grammofon, Saxofon, Phase, Alphabet, Physik, Asphalt, Megafon, Fantasie

Aufgabe 2: Philosophie, Phase, Alphabet, Physik, Asphalt

Aufgabe 4: brave, schiefer, sanfter, kurvenreiche, Fantasie (Phantasie), Vers, Brief, Hamsterkäfig, Vogels, tiefe, fünfzig, vierzig, Vegetation, Saxofon (Saxophon), Novemberstürme, Konservendose

S. 53 Aufgabe 1: der Pfad, das Pferd, die Pfote, der Pfahl, das Pfand, die Pfanne, pflanzen, pfuschen, pflastern, pflegen, pflücken, pflügen

Aufgabe 3: Dampf, Kampf, stopfen, klopfen, kämpfen, Vernunft, Zukunft, vernünftig, zukünftig, Krampf, sanft, Kopf, rufen, schlafen, kaufen, Karpfen, Hopfen, Ankunft, Brunft, Schuft, Sumpf, Strumpf, Trumpf, Rumpf, dumpf

Aufgabe 4: Verse, Ferse, Fund, Pfund, Faden, Pfaden, Flug, Pflug, Veilchen, Feile, Pfeilen, Pferd, fährt, Pfand, fand

S. 54 Aufgabe 2: fertig, verbessern, vergessen, fertig, verwechseln, versuchen, anfertigen, entfernt, Fernrohr, verlangen

Aufgabe 3: **Alles nimmt einmal ein Ende**
fertig, verschwindet, Feriendorf, Verkehr, fern, Sommerferien, verlässt, verstopfte, Fernrohr, entfernenden, versuchen, Verkehrsschilder, verfährt

S. 56 Aufgabe 1: sandte, gesandt, Gesandter, Gesandtschaft, Versand, Abgesandte, wandte, gewandt, Gewandtheit, Bewandtnis, verwandt, Verwandter, Verwandtschaft, unverwandt, blutsverwandt, redegewandt

Aufgabe 2: Bekannte, Verwandte, Bekanntschaft, Gesandten, Bewandtnis, wandte, versandten, Verwandtschaft, redegewandt, unverwandt

S. 57 Aufgabe 3: Jazz, Grütze, Skizze, Razzia, Schatz, Dutzend, Matratze, Intermezzo

Aufgabe 4: Lösungswort → Gesetze

S. 58 Aufgabe 2: Herz, salzig, Kranz, Tanz, Holz, Gewürz, Scherz, Pelz, Münze, Kerze, Wanze, Walze, Stolz, Lenz, Sülze

S. 59 Aufgabe 2: Anker, Wolke, Kork, Werk, Gurke, Dank, Kalk, Mark, Bunker, Molke, Winkel, Falke, Harke, Balken, Bank

S. 60 Aufgabe 3: Insekt, Produkt, Kontakt, direkt, Subjekt, Konflikt, Defekt, Perfekt
Lösungswort → Prospekt

Aufgabe 4: Mekka, Marokko, Makkaroni, Akkordlohn, Mokka, Akkumulator

S. 61 Aufgabe 5: Qual – quälen, Qualm – qualmen, Quere – quer, Quelle – quellen, Quatsch – quatschen, Quengelei – quengeln, Quittung – quittieren, Erquickung – erquicken, Quetschung – quetschen

S. 63 Aufgabe 1: Ring|lein, Schäf|chen, Rauf|bold, Reich|tum, Erb|schaft, die|bisch, win|dig, Schü|le|rin, Leh|re|rin, Schick|sal, leb|haft, halt|bar, Dun|kel|heit, Ein|sam|keit, merk|ten, ein|sam, Wer|bung, Bä|cke|rei, gol|dig

S. 65 Aufgabe 1: **Die Krähe und die Kröte**
Eine Krähe saß am Rande einer Grube und rief: „Kröte, komm heraus!“
„Willst du mich fressen?“, fragte die Kröte.
„Nein, du Angsthase“, antwortete die Krähe, „ich denke gar nicht daran.“
Da kroch die Kröte aus der Grube heraus. Pick, machte die Krähe.
„Hatte ich es mir doch gedacht“, seufzte die Kröte.

S. 66 Aufgabe 2: **Einen Vorwand findet man immer**
„Warum trübst du mir das Wasser?“, wollte der Wolf wissen.
„Wie sollte ich dir das Wasser trüben, das von dir zu mir herabfließt?“, antwortete das Lamm.
„Nun, jedenfalls weiß ich“, sagte der Wolf, „dass du gerade vor vier Monaten übel von mir geredet hast.“ „Wie sollte das möglich sein?“, widersprach das Lamm. „Damals war ich noch gar nicht geboren.“ Da schrie der Wolf: „Dann ist es eben dein Vater gewesen.“

S. 67 Aufgabe 1 **Drei weiße, drei graue**
Einmal begegnete dem Herrn eine arme Frau. Er wünschte ihr: „Guten Tag.“ Sie entgegnete: „Es wird kein guter Tag werden, denn ich bin arm und leide Hunger.“ Der Herr fragte: „Wenn ich dir einen Wunsch erfülle, bist du dann zufrieden?“ Sie antwortete: „Ich bin zufrieden, wenn ich nur drei Schafe hätte.“ Da ging der Herr zu einem alten Baumstumpf, klopfte dagegen und befahl: „Drei weiße Schafe sollen hervorkommen!“ Sogleich standen drei weiße Lämmer vor ihm, die er der Frau schenkte. Sie sagte: „Danke!“ Der Herr ging weiter. Doch bald klagte die Frau: „Schade, dass ich mir nicht mehr gewünscht habe.“ Sie meinte: „Ich weiß ja, wie einfach ich mir die Schafe beschaffen kann.“ „Ich werde an den Baumstumpf klopfen“, entschloss sie sich. Sie rief: „Ich wünsche mir drei graue!“ Da stürzten drei Wölfe hervor und fraßen die drei weißen Lämmer auf.

S. 69 Aufgabe 2: **Fahrt mit der historischen Eisenbahn**
Jungen, Mädchen, Eltern und Lehrer treffen sich auf dem Bahnhofsvorplatz.
(Subjekte) Gemeinsam gehen sie durch das Bahnhofsgebäude, die Treppen hinunter, durch die Unterführung und wieder hinauf auf den Bahnsteig. (adverbiale Bestimmung) Dort stehen eine alte Dampflok, ein Packwagen und vier Personenwagen bereit zur Abfahrt. (Subjekte) Der Lokführer, der Heizer und der Schaffner (Subjekte) zeigen sich in ihren Uniformen und begrüßen die Lehrer, die Eltern und die Kinder. (Ergänzungen) Die Reisenden steigen ein, drängeln sich (Prädikate) an den Fenstern, auf den Gängen und auf den Plattformen. (adverbiale Bestimmungen) Übermütig winken, lachen, rufen und singen die Schüler aus den Fenstern. (Prädikate)

S. 70 Aufgabe: **Worauf sollten Radfahrer achten?**
Vor jeder Fahrt sollte geprüft werden, ob Bremsen, Klingel, Lampe, Rückleuchte, Lenkung, Bereifung und Sattel in Ordnung sind. (Subjekte) Beim Radfahren sollte man keine langen Schals, weiten Hosen oder lange Röcke tragen. (Ergänzungen) Auch lose Schuhbänder können sich in der Kette verfangen und die Sicherheit gefährden. Von der Bordsteinkante, parkenden Autos und spielenden Kindern sollte man einen angemessenen Abstand halten, um Unfälle zu vermeiden. (adverbiale Bestimmungen)

S. 71 Aufgabe: **Unsere Erde**
Auf unserer Erde umgibt uns eine bunte Vielfalt von Pflanzen. Wälder, Wiesen, Seen und Meere sind von unzähligen Lebewesen besiedelt. (Subjekte) Das kleinste Moos, die farbigen Blumen, die mächtigen Waldbäume, die schillernden Libellen und Käfer, die Fische im Wasser, die bunten Vögel und das Wild in den Wäldern gehören zum Bild unserer Erde. (Subjekte) Das Bild wird auch geprägt durch die Berge und Täler, die weiten Ebenen, das große Weltmeer und die öden Wüsten. (Ergänzungen) Dies Bild der Erde ist uns vertraut. Es ist aber nicht unveränderlich. Es verändert sich durch plötzliche Naturereignisse wie einem Erdbeben, einer Sturmflut, einem Vulkanausbruch oder einer Unwetterkatastrophe. (Ergänzungen) Die größten Veränderungen auf unserer Erde geschehen jedoch ganz allmählich, unmerklich und in winzigen Schritten. (adverbiale Bestimmungen)

S. 72 Aufgabe 3: Pflanzen wachsen auch ohne Erde, wenn man die Samen in eine Nährlösung legt. Die Behälter müssen dann mit Kies gefüllt werden, wenn die Samen aufgegangen sind und Wurzeln bilden. Die Wurzeln brauchen Steine, weil sie sich daran festhalten können. Viele Menschen beklagen jedoch, dass die Früchte hierbei ihren guten Geschmack verlieren.

S. 75 Aufgabe 1: **Der Wald filtert Wasser und Luft**
Die Blätter und Nadeln der Bäume wirken wie Filter, die Staub, Ruß und Schadstoffe aus der Luft auffangen. Ein Teil der Schadstoffe, den die Bäume zum Leben brauchen, wird in den Blättern und Nadeln zu Nahrung umgewandelt. Dabei entsteht Sauerstoff, der an die Luft abgegeben wird. Diesen Sauerstoff, den die Blätter an die Luft abgeben, brauchen wir Menschen zum Atmen. Wichtig ist auch die Filterwirkung, die der Waldboden ausübt. Die Schadstoffe, die aus der Luft mit dem Regen in den Boden gelangen, werden nämlich vom Waldboden festgehalten. Der Waldboden, der die Schadstoffe aus dem Regenwasser herausfiltert, reinigt also das Wasser.

Aufgabe 4: Die Katze, die immer auf der Fensterbank lag, ist gestorben. Die Familie, die in dem Gartenhaus wohnte, ist weggezogen. Der Schnee, der vor der Eingangstür liegt, muss weggeschaufelt werden. Das Boot, das am Seeufer lag, ist verschwunden. Die Klassenfahrt, die wir geplant haben, muss verschoben werden. Der Zug, mit dem ich eigentlich verreisen wollte, ist verunglückt.

A / a
Abend, der
abends
Abenteuer, das
aber
abermals
Abfall, der
abholen
abschließbar
abschließen
Abstoß, der
achten auf
Achtung, die
Acker, der
ähnlich
alle
allein
alles
allmählich
als
also
alt
Ameise, die
Amt, das
andere, andre
ändern
anders
Anfang, der
anfangen
anfassen
angenehm
Angst, die
ängstlich
ankommen
Anstoß, der
anstoßen
anstößig
Antwort, die
antworten
Apfel, der
April, der
Arbeit, die
arbeiten
Arbeiter, der
ärgern
arm
Arm, der
Arzt, der
Arztpraxis, die
Ast, der
auch
Aufgabe, die
aufhören
aufpassen
aufräumen
aufspießen
aufwärmen
aufwecken
Auge, das
August, der
ausdenken
Ausflug, der
aussehen
außen
Auto, das
Autobahn, die
Axt, die

B / b
Baby, das
Bach, der
backen
Bäcker, der
Backstube, die
Bad, das
baden
Bahn, die
Bahnhof, der
Bahnsteig, der
bald
Ball, der
Band, das
Bank, die
Bär, der
Barren, der
Bass, der
Bau, der
Bauch, der
bauen
Bauer, der
Baum, der
beeilen
Beere, die
Beet, das
Befehl, der
befehlen
begegnen
begeistern
beginnen
begrüßen
behalten
beide
Beispiel, das
beißen
bekennen
bekommen
bellen
benutzen
beobachten
bequem
bereinigen
bereit
bereits
Bereitschaft, die
Berg, der
Bericht, der
berichten
Beruf, der
berühmt
beschaffen
besiegen
besonders
besorgen
besser
bestimmen
bestimmt
Besuch, der
beten
betreten
Bett, das
Beule, die
Beute, die
Beutel, der
beweisen
bezahlen
biegen
Biene, die
Bier, das
bieten
Bild, das
bilden
billig
binden
biss
Biss, der
bisschen
bitten
blasen
Blatt, das
Bleistift, der
Blick, der
blicken
Blickpunkt, der
Blitz, der
blühen
Blume, die
Blut, das
Blüte, die
Boden, der
Bohne, die
Bohrer, der
Boot, das
böse
Boss, der
boxen
braten
Brauch, der
brauchen
braun
brausen
Braut, die
brechen
Bremse, die
bremsen
brennen
Brief, der
Briefkasten, der
Brille, die
bringen
Brot, das
Brücke, die
brüllen
brummen
Buch, das
Bücherwurm, der
Buchstabe, der
bücken
Bühne, die
bunt
Burg, die
Büro, das
Bürste, die
Bus, der
Busch, der
Butter, die

C / c
Christ, der
Clown, der
Cowboy, der

D / d
dabei
Dach, das
Dachwohnung, die
damals
daneben
Dank, der
danken
dann
daran
darauf
darin
darüber
darum
dauern
davon
Decke, die
Deckel, der
decken
Deckfarbe, die
denken
denn
deutlich
deutsch
Deutschland
Dezember, der
dicht
dick
Dieb, der
Diener, der
Dienstag, der
dies
dieser
diktieren
Ding, das
doch
Doktor, der
Donner, der
donnern
doppelt
Dorf, das
dort
dösen
Draht, der
draußen
drehen
drei
dreißig
dribbeln
drohen
drüben
Druck, der
drucken
du
dumm
dunkel
Dunkelheit, die
durch
dürfen
Durst, der

E / e
eben
ebenfalls
echt
Ecke, die
Ehre, die
ehrlich
Ei, das
Eiche, die
eigene
eigentlich
Eimer, der
ein
einander
einer
einfach
Einfahrt, die
einige
einkaufen
einladen
einmal
einpacken
einreiben
einrichten
einschlafen
einzeln
Eis, das
Eisen, das
Eisenbahn, die
Eishalle, die
Elefant, der
Eltern, die
Ende, das
endlich
Engel, der
entdecken
Ente, die
entgegnen
entlang
entscheiden
Erbse, die
Erdbeere, die
Erde, die
Erfolg, der
erinnern
erklären
erleben
Erlebnis, das
ernähren
Ernte, die
ernten
erreichen
erschrecken
erst
erste, erster
erzählen
essen
etwa
etwas
euch
Eule, die
extra

F / f
Faden
Fahne, die
fahren
Fahrer, der
Fahrrad, das
Fahrt, die
Fahrtenmesser, das
Fahrzeug, das

fallen
Fallgrube, die
falsch
Faltboot, das
Faltenrock, der
Familie, die
fangen
Farbe, die
Farbfilm, der
Fass, das
fassen
Fassung, die
fast
faul
Fäulnis, die
Faust, die
Februar, der
Federball, der
fehlen
Fehler, der
Feier, die
feiern
fein
Feind, der
Feld, das
Fell, das
Felsen, der
Fenster, das
Ferien, die
Ferienwohnung, die
fern
Fernsehapparat, der
fernsehen
fertig
Fessel, die
fest
Fest, das
festhalten
Fett, das
fetten
feucht
Feuer, das
Feuerwehr, die
Fieber, das
Film, der
finden
Fingernagel, der
finster
Finsternis, die
Fisch, der
Fläche, die
Flamme, die
flanken
Flasche, die
Fleck, der
Fleisch, das
Fleiß, der
fleißig
flicken
Flickzeug, das
Fliege, die
fliegen
fliehen
fließen
Flöte, die
Floß, das
flüchten
Flügel, der
Flugzeug, das
Flur, der
Fluss, der
flüstern
folgen
fort
Foto, das (Photo)
fotografieren
Frage, die
fragen
Frau, die
frech
frei
fremd
fressen
Freude, die
freuen, sich
Freund, der
freundlich
Frieden, der
friedlich
frieren
frisch
früh
Frühling, der
Fuchs, der
fühlen
Fuhre, die
führen
Fuß, der
Fußabdruck, der
Fußball, der
Fußballspiel, das
Fußballstadion, das
Futter, das
füttern

G / g

Gabel, die
Gang, der
Gans, die
ganz
gar, gar nicht
gar kein
Garten, der
Gast, der
Gebäude, das
geben (gibt)
Gebiss, das
Geburtstag, der
Gedanke, der
Gefahr, die
gefährlich
gefallen
Gefängnis, das
Gefühl, das
gegen
Gegend, die
Geheimnis, das
gehen
gehören
Geige, die
Geld, das
Gemäuer, das
Gemüse, das
genau
genießbar
genießen
Genießer, der
genug
genügen
gerade
Gericht, das
gern
Geschäft, das
Geschenk, das
Geschoss, das
geschwind
Geschwister, die
Gesicht, das
gestalten
gestern
gesund
Gesundheit, die
Getränk, das
Getreide, das
gewinnen
Gewitter, das
gießen
Glas, das
glatt
glauben
gleich
Glocke, die
Glück, das
glühen
Gold, das
Grab, das
Gras, das
gratulieren
Grenze, die
groß
Grund, der
Gruppe, die
Gruß, der
grüßen
gucken

H / h

Haar, das
haben
Hahn, der
Hai, der
Haken, der
Hals, der
Haltbarkeit, die
halten
Hammer, der
Hand, die
handeln
Handschuhe, die
hängen
hart
hässlich
häufig
Haut, die
heben
Heim, das
heiraten
heißen
helfen
hell
Hemd, das
heran, heraus, herein
Herbst, der
Herr, der
Herz, das
Heu, das
heulen
heute
hier
hierauf
hierher
hiermit
Himmel, der
hin, hinauf, hinein
hinter
hoch
Hof, der
hoffen
Hoffnung, die
hohl
Höhle, die
Hohn, der
holen
hören
Hose, die
Huhn, das
Hummel, die
Hund, der
hundert
Hunger, der
hungrig
hüpfen
Hut, der
Hütte, die

I / i

Idee, die
Igel, der
ihm
ihn
ihr
immer
Indianer, der
Industrie, die
innen
Insel, die
interessant
Interesse, das
Interview, das
irgend
irren
Irrtum, der

J / j

Jacke, die
jagen
Jahr, das
jährlich
Jammer, der
jeder
jemand
jetzt
jucken
Juli, der
jung
Junge, der
Juni, der

K / k

Käfer, der
Kaffee, der
Käfig, der
kahl
Kahn, der
kalt
kämmen
kämpfen
kann
Kanne, die
kaputt
Kartoffel, die
Kasse, die
Kasten, der
Katze, die
kaufen
kaum
Kehle, die
kein
Keller, der
kennen
Kerze, die
Kette, die
Kind, das
Kino, das
kippen
Kirche, die
Kiste, die
klappen
klar
Klasse, die
Klassenlehrer, der
kleben
Klee, der
Kleid, das
Kleidung, die
klein
klettern
klingeln
klopfen
Kloß, der
klug
knallen
kneifen
knicken
Knie, das
Knochen, der
Knopf, der
kochen
Koffer, der
Kohle, die
Kohleofen, der
komisch
kommen
König, der
können
Konsonant, der
Kontrolle, die
kontrollieren
Kopf, der
köpfen
Korb, der
Kosten, die
krabbeln
krank
Kranz, der

kratzen
Kraut, das
kreisen
Kreuz, das
kriechen
Krieg, der
kriegen
Krone, die
Küche, die
Kuchen, der
Küchenstuhl, der
Kuh, die
kühl
Kuhle, die
Kurve, die
kurz
Kuss, der
Küste, die

L / l

lächeln
lachen
Lampe, die
Land, das
landen
lang
Länge, die
lassen, lässt
Lastwagen, der
Laub, das
Lauf, der
laufen
laut
Laut, der
leben
Leben, das
lecker
leer
legen
Lehm, der
lehmig
Lehne, die
Lehrer, der
Lehrerzimmer, das
leicht
Leid, das
leiden
lernen
lesen
Leser, der
letzter
leuchten
Leute, die
Licht, das
lieb
lieben
Lied, das
liegen
linke
links
Lippe, die
Loch, das
Löffel, der
Lohn, der
Lokal, das
los
lösen
Lösung, die
Lottozahl, die
Lücke, die
Luft, die
lügen
Lupe, die
Lust, die
lustig

M / m

machen
mächtig
Mädchen, das
mähen
mahlen
Mai, der
malen
man
manche, mancher
manchmal
Mann, der
Mantel, der
Mark, die
März, der
Maschine, die
Maß, das
Mauer, die
Maus, die
Meer, das
Mehl, das
mehr
meinen
meistens
Mensch, der
merken
Messer, das
Meter, der (das)
Milch, die
mild
Minute, die
Mitlaut, der
Mitspieler, der
Mittag, der
mittags
Mitte, die
modern
mögen
möglich
Mohr, der
Monat, der
Mond, der
Moor, das
Moos, das
morgen
Morgen, der
morgens
Motor, der
Mühe, die
Mülltonne, die
Mund, der
Mündung, die
murmeln
Museum, das
Musik, die
Musiklehrer, der
müssen
Mut, der
Mutter, die
Mütze, die

N / n

Nabel, der
Nachbar, der
nachdenken
Nachmittag, der
nachmittags
nächste
Nacht, die
nackt
nah
nähen
Nährstoff, der
Nahrung, die
Name, der
nämlich
Nase, die
nass
natürlich
Nebel, der
neben
nehmen
nennen
Nest, das
neu
nicht
nichts
nieder
niemals
niesen
nirgends
noch mal
nochmals
Norden, der
normal
Not, die
November, der
Nummer, die
Nuss, die
nützlich

O / o

oben
Obst, das
obwohl
oder
Ofen, der
offen
Offenheit, die
öffnen
Öffnung, die
ohne
Ohr, das
Oktober, der
Onkel, der
ordentlich
ordnen
Ordnung, die
Ort, der
Ostern, das

P / p

paar
Paar, das
packen
Packpapier, das
Paket, das
Papier, das
Pappe, die
parken
Pass, der
passen
passieren
Pausenhalle, die
Perle, die
Person, die
pfeifen
Pfennig, der
Pferd, das
Pflanze, die
Pflicht, die
Pflug, der
Pfund, das
Pfütze, die
Photo, das (Foto)
Pinsel, der
Platte, die
Platz, der
platzen
plötzlich
polieren
Polizei, die
Post, die
prächtig
Preis, der
preiswert
prima
Probe, die
probieren
Problem, das
Programm, das
prüfen
Prüfung, die
Pudding, der
Pullover, der
Punkt, der
pünktlich
pusten
putzen

Q / q

Qual, die
quälen
Quark, der
Quelle, die
quer
quietschen
Quittung, die

R / r

Rad, das
Radrennbahn, die
raffiniert
Rahmen, der
Rakete, die
rasen
rasieren
raten
Rätsel, das
Raub, der
Rauch, der
räuchern
rau
Raum, der
rechnen
rechts
Rede, die
reden
Regen, der
regieren
reiben
reich
Reise, die
reisen
reißen
reiten
rennen
Rest, der
retten
Retter, der
richten
richtig
riechen
Riese, der
Ring, der
Riss, der
Rock, der
roh
Rohr, das
rollen
Roller, der
Rose, die
rosig
Ross, das
rosten
Rücken, der
rückwärts
rufen
Ruhe, die
ruhig
rühren
rund
rutschen

S / s

Saal, der
Saat, die
Sache, die
Sack, der
Saft, der
sagen
sägen
Sahne, die
Sahnetorte, die
sahnig
Salat, der
Salz, das
Samstag, der
Sand, der
Sau, die
sauber
Sauberkeit, die
säubern
Säuberung, die
sausen
Schaf, das
schaffen

Schal, der
Schall, der
schauen
schaukeln
scheinen
schenken
schicken
Schiene, die
schießen
Schiff, das
Schild, das
schimpfen
schlafen
schlagen
Schlamm, der
schlank
Schlauch, der
schlecht
schleppen
schließen
Schließfach, das
schließlich
Schloss, das
Schluss, der
schmecken
Schmerz, der
schmücken
Schmuckstück, das
Schmutz, der
schmutzig
Schnecke, die
Schnee, der
schneiden
schnell
Schnelligkeit, die
schön
Schönheit, die
Schonung, die
Schoß, der
Schrank, der
Schreck, der
Schrei, der
schreiben
schreien
Schuh, der
Schule, die
Schüler, der
Schulter, die
Schuss, der
Schüssel, die
Schwangerschaft, die
Schwanz, der
schwarz
schweigen
schwer
Schwester, die
schwierig
Schwimmbad, das
schwimmen
schwitzen
sechs
See, der (die)
sehen
Sehne, die
sehr
Seife, die
Seil, das
seit, seit gestern
Seite, die
selber
Selbstlaut, der
selbstständig
seltsam
September, der
Sessel, der
setzen
sicher
Sieb, das
siegen
Sieger, der
singen
sinken
sitzen
sofort
sogar
Sohle, die
Sohn, der
sollen
Sommer, der
Sonderangebot, das
sondern
Sonnabend, der
Sonne, die
sonst
sorgen
sorgfältig
spannen
spannend
Spannung, die
Spaß, der
spaßig
Spaßmacher, der
spät
spazieren gehen
Speise, die
speisen
Spiegel, der
Spiel, das
spielen
Spieß, der
spießig
Spinne, die
Spitze, die
Sport, der
Sportfest, das
Sportplatz, der
spotten
Sprache, die
sprechen
springen
Spruch, der
spucken
Spur, die
Staat, der
Stab, der
Stadt, die
Stahl, der
Stahlrohr, das
Stall, der
stark
statt
Staub, der
Steckdose, die
stecken
stehen
stehlen
steigen
Stein, der
Steinkohle, die
Stelle, die
stellen
sterben
Stern, der
Steuer, die (das)
Stiefel, der
Stiel, der
still
Stille, die
Stimme, die
Stock, der
Stoff, der
stolpern
stoppen
stören
Stoß, der
stoßen
Strafe, die
strampeln
Straße, die
Straßenbahn, die
Strauch, der
Strauß, der
streng
stricken
Strickmaschine, die
Stroh, das
Strom, der
Strudel, der
Strumpf, der
Stück, das
Stuhl, der
Stunde, die
stürzen
stützen
suchen
Suppe, die
süß
süßen
Süßigkeiten, die

T / t

Tafel, die
Tag, der
Tagebuch, das
täglich
Tanne, die
Tante, die
Tanz, der
tapfer
Tasche, die
Tasse, die
Täter, der
Tatort, der
Tau, der
tauchen
tausend
Tee, der
Teer, der
Teil, der (das)
Telefon, das
Teller, der
Tennisplatz, der
Teppich, der
teuer
Teufel, der
Text, der
Theater, das
Thema, das
tief
Tier, das
Tiger, der
Tisch, der
Tochter, die
Tod, der
Toilette, die
Tomate, die
Tor, das
Torte, die
Torwart, der
tot
totenstill
Trainer, der
trainieren
Träne, die
Trauer, die
Traum, der
träumen
traurig
treffen
treiben
Treppe, die
treten
Treue, die
Trick, der
trimmen
Trimm-dich-Pfad, der
trinken
Trockenheit, die
trocknen
Trompete, die
Tropfen, der
trotzdem
Tuch, das
Tür, die
Turm, der
Tüte, die

U / u

üben
überall
überhaupt
überlegen
übermorgen
übernehmen
überqueren
Ufer, das
Uhr, die
umkehren
Umlaut, der
unbedingt
ungefähr
Ungewissheit, die
Unkraut, das
Unterricht, der
Unterrock, der
Unterschied, der
Urlaub, der

V / v

Vase, die
Vater, der
verantwortlich
verbessern
Verbesserung, die
verbieten
Verdacht, der
verdeutlichen
Verdeutlichung, die
verdrießen
verdunkeln
Verdunkelung, die
vergessen
verkaufen
Verkehr, der
verlaufen
verletzen
verlieren
verlosen
Verlosung, die
versäumen
verschenken
verschieden
verschwinden
verstärken
verstecken
verstehen
versuchen
Vertrag, der
Verwandtschaft, die
verwesen
verzeihen
Verzeihung, die
Videoanlage, die
Vieh, das
viel
vielleicht
vier
Vogel, der
Vokal, der
Volk, das
vorbereiten
Vorfahrt, die
vorgestern
vorher
vorsichtig

W / w

Waage, die
wach
wachsen
Wagen, der
Wahl, die
wählen
wahr
während
wahrscheinlich
Wal, der
Wald, der
Waldameise, die

Wand, die
wandern
wann
Wanne, die
war
warm
warten
Wärter, der
warum
waschen
Wasser, das
Wasserfloh, der
Wasserhahn, der
Wasserrohr, das
Wasserschlauch, der
wechseln
wecken
Wecker, der
Weckzeichen, das
weg
Weg, der
wegen
wegfahren
wehen
wehren
weich
Weihnacht, die
weinen
weiß
Welle, die
Welt, die
Weltumsegelung, die
Werbung, die
werden
werfen
Werk, das
Weste, die
wetten
Wetter, das
wichtig
wider, widerspiegeln
wieder
wiederholen
wieder sehen
Wiedersehen, das
wiegen
Wiese, die
wie viel
wild
Wille, der
Wind, der
Winter, der
wirklich
Wirklichkeit, die
wissen
Wissen, das
Wissenschaft, die
Woche, die
wohl
wohnen
wohnlich
Wohnung, die
Wolf, der
Wolke, die
Wolle, die
wollen, will
Wort, das
Wörterbuch, das
wörtlich
Wrack, das
Wunsch, der
wünschen
Wurf, der
Würfel, der
Wurst, die
Würstchen, das
Wüste, die
Wut, die
wütend

Z / z

zäh
Zahl, die
zählen
zahlreich
Zahn, der
Zange, die
zanken
zärtlich
Zaun, der
Zeh, der
zehn
Zeichnung, die
zeigen
Zeit, die
Zeitung, die
Zelt, das
zelten
Zeugnis, das
Ziege, die
Ziegel, der
ziehen
Ziel, das
zielen
zielsicher
ziemlich
Zigarre, die
Zimmer, das
Zirkus, der
zittern
Zoo, der
Zubereitung, die
Zucker, der
zuerst
zufrieden
Zug, der
zu Hause
zuletzt
zumachen, zu machen
Zunge, die
zurück
zusammen
zuschauen
Zuschauer, der
Zustand, der
zwanzig
Zweig, der
Zwiebel, die
zwischen
zwischendurch
zwölf

Inhalt **Seite**

Gleich und ähnlich klingende Konsonanten

Silbentrennung

Zeichensetzung